NOUVEAU PRÉCIS
D'ÉCONOMIE POLITIQUE

LES ÉLÉMENTS

PAR

TH. FUNCK-BRENTANO

PROFESSEUR A L'ÉCOLE LIBRE DES SCIENCES POLITIQUES

PARIS

LIBRAIRIE PLON	LIBRAIRIE MARESCQ AINÉ
E. PLON, NOURRIT ET Cie	CHEVALIER-MARESCQ ET Cie
IMPRIMEURS-ÉDITEURS	LIBRAIRES
10, rue Garancière, 10	20, rue Soufflot, 20

1887

EN VENTE A LA MÊME LIBRAIRIE :

Histoire de l'économie politique des anciens peuples de l'Inde, de l'Égypte, de la Judée et de la Grèce, par M. DU MESNIL-MARIGNY. Trois volumes grand in-8°. 3ᵉ *édition.* Prix. . 24 fr.

L'Économie politique devenue science exacte, ou les libre-échangistes et les protectionnistes conciliés, par DU MESNIL-MARIGNY. 4ᵉ *édition*, revue et annotée. Un volume in-8°. 8 fr.

Catéchisme de l'économie politique, par DU MESNIL-MARIGNY. 7ᵉ *édition*. Un volume in-18. Prix. . . . . 1 fr. 25

Les Finances de la France au dix-neuvième siècle, par feu Charles SUDRE, publié par son frère Alfred SUDRE. Deux volumes in-8°. Prix. . . . . 15 fr.

Du relèvement de la France, Vieilles vérités, Union, Perfectionnement, par le docteur C. SEDILLOT, membre de l'Institut. Un volume in-8°. Prix. 3 fr. 50

Le Problème de la France contemporaine, par F. LORRAIN. Un volume in-18. Prix. . . . . 3 fr. 50

Les Questions vitales, par Léon LEFÉBURE, ancien député, ancien sous-secrétaire d'État. Un volume in-8°. Prix. . . . . 6 fr.

La Question des Impôts, par Victor BONNET. 1 vol. in-18. 3 fr. 50

Le Crédit et les banques d'émission, par Victor BONNET. Un volume in-18. Prix. . . . . 6 fr.

Le Paupérisme, ses causes. Moyens de le prévenir, de le soulager ou de le réduire, par E. CAROU. Un volume in-18. . . . . . 5 fr.

De l'influence des religions sur le développement économique des peuples. Simple étude, par Louis DESGRAND, président-fondateur de la Société de géographie de Lyon. 1 vol. in-18. 3 fr.

Les Théoriciens au pouvoir, par D. DELORME (du cap Haïti). Un volume in-8°. Prix. . . . . 8 fr.

La Démocratie et ses conditions morales, par le vicomte Philibert D'USSEL. Un volume in-18. Prix. . . . . 3 fr. 50
Ouvrage couronné par l'Académie des sciences morales et politiques.

La Vie morale et intellectuelle des ouvriers, par Eugène TALON, ancien député, membre de la commission supérieure du travail des enfants dans l'industrie. 2ᵉ *édition*. Un volume in-18. 5 fr.

PARIS. TYPOGRAPHIE E. PLON, NOURRIT ET Cᵉ, RUE GARANCIÈRE, 8.

LES ÉLÉMENTS

DE

L'ÉCONOMIE POLITIQUE

DU MÊME AUTEUR

Pensées et Maximes nouvelles, brochure in-8°. — Luxembourg, Schamburger, libraire-éditeur. Épuisé.

Philosophie et lois de l'histoire, 1 vol. in-8°. — Paris, librairie Didier et Cie, quai des Augustins, 35. Épuisé.

Les Sciences humaines, la philosophie, 1 fort vol. in-8°. — Paris, A. Lacroix, Verboeckhoven et Cie, éditeurs.

La Pensée exacte en philosophie, 1 vol. in-12. — Paris, Lacroix, Verboeckhoven et Cie, éditeurs.

La Civilisation et ses lois, morale sociale, 1 vol. in-8°. — E. Plon, Nourrit et Cie, éditeurs, rue Garancière, 10.

Les Sophistes grecs et les sophistes contemporains, 1 vol. in-8°. — E. Plon, Nourrit et Cie, éditeurs.

Précis du droit des gens, en collaboration avec M. Albert Sorel, 1 vol. in-8°. — E. Plon, Nourrit et Cie, éditeurs. (2e édition, sous presse.)

La Correspondance diplomatique de M. de Bismarck. 1851-1859, publiée sous sa direction et avec une préface de l'auteur, 2 vol. in-8°. — E. Plon, Nourrit et Cie, éditeurs.

Les Principes de la découverte, réponse à une question de l'Académie des sciences de Berlin. — Paris, E. Plon, Nourrit et Cie, éditeurs. — Leipzig, Duncker et Humblott, Dresdener str., 17.

SOUS PRESSE :

Substance du **Traicté d'Œconomie politique**, dédié en 1615 au Roy et à la Reyne mere du Roy, par Montchrestien de Vatteville, — avec Préface et Notes. — E. Plon, Nourrit et Cie, éditeurs. (Collection elzevirienne.)

PARIS. — TYPOGRAPHIE DE E. PLON, NOURRIT ET Cie, RUE GARANCIÈRE, 8.

NOUVEAU PRÉCIS D'ÉCONOMIE POLITIQUE

LES ÉLÉMENTS

PAR

TH. FUNCK-BRENTANO

PROFESSEUR A L'ÉCOLE LIBRE DES SCIENCES POLITIQUES

PARIS

LIBRAIRIE PLON
E. PLON, NOURRIT ET Cie
IMPRIMEURS-ÉDITEURS
10, rue Garancière, 10

LIBRAIRIE MARESCQ AINÉ
CHEVALIER-MARESCQ ET Cie
LIBRAIRES
20, rue Soufflot, 20

1887

A

M. G. PALLAIN

Conseiller d'État
Ancien Directeur au Ministère des Affaires étrangères
Directeur général des Douanes

Cher Directeur,

Ces études m'ont été singulièrement facilitées par les travaux que j'ai faits sous votre direction. Je vous les dédie avec d'autant plus de reconnaissance qu'une part du mérite qu'elles peuvent avoir vous revient, et que vous en serez le meilleur juge.

Votre affectionné et dévoué,

Th. FUNCK-BRENTANO.

INTRODUCTION

LA SCIENCE DE L'ÉCONOMIE POLITIQUE

I

A l'encontre des autres sciences, que leurs progrès éclairent, la science de l'économie politique est devenue de plus en plus obscure à mesure qu'elle s'est développée.

En avançant dans son étude, il semble que l'on suive le cours d'une rivière dont les sources, sorties de terre française, sont claires et limpides, mais qui va élargissant ses rives, creusant son lit et roulant des eaux de plus en plus troubles à mesure qu'elle reçoit des affluents de l'étranger.

A des faits avancés comme preuves, d'autres sont opposés qui démontrent le contraire; des principes réputés évidents sont rejetés comme erreurs; des lois qui semblaient inébranlables sont bientôt renversées; méthode, définitions, doctrine sont à chaque pas remises en question; et, pour reprendre notre comparaison, on est comme entraîné vers l'embouchure immense du fleuve où l'eau elle-même disparait sous la végétation luxuriante et désordonnée à laquelle elle a donné naissance.

Dès l'antiquité, Platon avait reconnu l'importance de la division du travail, le rôle du commerce et le rôle de la monnaie. Aristote définit la monnaie : une marchandise intermédiaire destinée à faciliter l'échange entre deux autres marchandises.

Les législateurs romains ne comprirent déjà plus la justesse de sa définition.

Tout le moyen âge agita la question de l'intérêt.

L'importation des métaux précieux apparut à la Renaissance comme une des conditions essentielles de la prospérité des États.

Au commencement du dix-septième siècle, Montchrétien publia un traité d'économie politique, laquelle est pour lui un *art*, fondement du savoir-faire des grands politiques.

Enfin, au siècle dernier, Gournay formula le fameux : Laissez faire, laissez passer!

Tant que l'observation des phénomènes économiques se résuma dans des définitions ou des théories particulières, fussent-elles inspirées par le génie d'un Platon et d'un Aristote, il n'y eut point de science. Ce n'est que du moment où elles furent coordonnées sous un principe général et expliquées dans leurs conséquences par des règles invariables, qu'elles prirent un caractère scientifique.

Le premier, Quesnay émit un principe qui parut répondre à l'ensemble des phénomènes de la vie économique des États. Excellent homme, il resta attaché à l'héritage et à la culture des champs qui lui venaient de son père; esprit ouvert, il s'enthousiasma pour la médecine et la philosophie de son temps. L'homme à l'état de nature et ses droits imprescriptibles furent pour lui, comme pour tant d'autres, une révélation; ainsi, il en arriva à conclure que la liberté naturelle et la culture de la terre constituent le principe fondamental de la prospérité des États. L'industrie et le commerce lui semblèrent des occupations plus ou moins stériles, et, fidèle aux droits de la nature, il crut démontrer que les entraves apportées à l'échange des produits agricoles faussaient le prix des choses au détriment du bien public.

Des esprits éminents se groupèrent autour de lui. On les appela, dès leur époque, les économistes, plus tard, les physiocrates. Mercier de la Rivière résuma en quelques lignes l'esprit et la tendance de la nouvelle école : « L'intérêt personnel encouragé par la liberté « presse vivement et perpétuellement chaque homme en « particulier à perfectionner, à multiplier les choses « dont il est vendeur, à grossir ainsi la masse des jouis- « sances que les autres hommes peuvent lui procurer en « échange. »

Turgot, dont l'esprit eut le plus d'envergure, donna dans ses *Réflexions sur la formation et la distribution des richesses* une forme dogmatique à la doctrine, divisa les classes sociales en productives, stipendiées, disponibles; distingua les valeurs en estimatives et échangeables; constata la tendance des salaires à se réduire au minimum nécessaire à l'existence de l'ouvrier, et, développant la puissance de la liberté du travail, expliqua le rôle si considérable du capital qu'il définit : « une accumulation de valeurs obtenues par l'épargne. »

A partir de Turgot, la jeune science fit de rapides progrès. Adam Smith, esprit fin, observateur méthodique, initié aux travaux des physiocrates et lié avec Turgot, vint en France, puis, à son retour, après six années passées dans sa solitude de Kirkalday, près d'Édimbourg, fit paraître ses *Recherches sur la nature et les causes de la richesse des nations.*

Il conçut les phénomènes économiques à un point de vue aussi simple qu'élevé : « Le travail annuel d'une « nation est le fonds primitif qui fournit à ses consom-« mations annuelles toutes les choses nécessaires à la « vie; et ces choses sont toujours ou le produit immé-« diat du travail, ou achetées des autres nations par le « produit de ce travail. » Il montra ensuite que la valeur des choses n'est créée que par le travail, et que les hommes, par la division de ce travail selon leurs aptitudes, centuplent leurs forces et créent les richesses; il révéla les effets considérables de la libre concurrence, non-seulement pour l'agriculture, mais encore pour le commerce et l'industrie; il dévoila l'action toute-puissante du crédit, des banques, etc. Son œuvre acquit une importance telle, qu'elle effaça les travaux de ses prédécesseurs et que son auteur apparut comme le véritable fondateur de la science économique.

De son côté, Malthus démontra la solidarité qui existe entre la production et la population. La misère, le vice, les guerres, l'abstention du mariage rétablissent, selon lui, l'équilibre entre la population, qui tend à croître dans une progression géométrique, et la production, qui n'augmente que dans une progression arithmétique.

Ricardo comprit toute la portée de la loi de la libre concurrence. Il revint sur la tendance, déjà signalée, qu'ont les salaires à se réduire au minimum nécessaire à l'existence de l'ouvrier, et l'appliqua à la valeur du travail lui-même. « Le prix du travail se forme comme celui de « toute autre marchandise; il dépend des frais de pro« duction, et le taux naturel du salaire est celui qui est « nécessaire à la subsistance de l'ouvrier et à sa propa« gation sans augmentation ni diminution. » Il définit encore la rente en se plaçant au même point de vue.

J. B. Say, Gioja, Rossi, Bastiat, comblèrent les dernières lacunes et complétèrent la nouvelle science. Les travailleurs stériles des physiocrates, les classes stipendiées de Turgot, les rentiers de Ricardo, tous furent reconnus comme des membres également utiles à la production générale. Le capital et ses intérêts, la propriété et la rente, le crédit privé et public, jusqu'aux spéculations sur les valeurs fictives, les crises et la surproduction furent transformés en des phénomènes nécessaires, des services réels ou des expériences inévitables, dominés par le principe de la liberté du travail, régis par la loi de la liberté de la concurrence.

Cobden, Bright et leurs amis de Manchester attribuèrent enfin au principe de la liberté du travail et à la loi de la libre concurrence une portée absolue. Ils étendirent la libre concurrence jusqu'aux rapports des États entre eux et proclamèrent le libre échange « une nécessité de la prospérité industrielle et commerciale des peuples ».

Plus l'homme est libre dans son travail, mieux il peut

utiliser ses forces et produire ce qui est nécessaire à son existence. Plus la concurrence est libre dans l'État, plus un chacun peut donner d'essor à ses aptitudes spéciales, profiter des circonstances particulières dans lesquelles il se trouve, produire à meilleur marché et contribuer au bien-être général. Enfin, plus les échanges entre les États sont libres, plus chaque nation peut développer les produits de son génie et de son sol, et concourir par son industrie et son commerce à la prospérité des autres nations.

Conclusions brillantes qui rencontrèrent toutefois des oppositions nombreuses non-seulement de la part des hommes d'État, dont aucun n'admit en fait la liberté absolue des échanges internationaux, mais encore des rêveurs humanitaires auxquels ces assurances de progrès ne parurent ni assez certaines ni assez complètes. Ces oppositions se manifestèrent même parmi les partisans et les admirateurs de la nouvelle science.

Sismonde de Sismondi signala les abus qui résultent de la libre concurrence : « l'abaissement des salaires, l'encombrement des marchés, l'enrichissement scandaleux des uns, l'appauvrissement dégradant des autres ». Il ne vit de salut que dans l'intervention des gouvernements. Ce fut le point de départ d'une école nouvelle.

Proudhon transforme les *Harmonies* de Bastiat en contradictions économiques; mais il recherche vainement, emporté par la dialectique hégélienne, un principe nouveau et une meilleure définition de la valeur.

Louis Blanc s'empare de la définition de la valeur donnée par Adam Smith et conclut que tous les produits se forment par le travail de la classe ouvrière, alors que celle-ci, qui porte ses peines sur le marché comme une marchandise, est la moins libre d'en débattre le prix. Entre le prolétaire et le capitaliste, la partie ne lui paraît pas égale : le premier met en jeu les nécessités de son existence, le second une somme insignifiante de ses richesses; celui-ci libre d'en disposer à son gré, celui-là pressé par ses besoins; l'un maître de dicter ses volontés, l'autre forcé de s'y soumettre. Comme Sismondi, Louis Blanc ne trouve de solution que dans l'action gouvernementale mettant le crédit public à la disposition des travailleurs. Il transforme ainsi le droit naturel de la liberté de travail en un droit au travail et fonde la doctrine du socialisme d'État.

En Allemagne, Rodbertus, politique conservateur, est moins excessif dans ses conclusions. Comme Louis Blanc, il procède d'Ad. Smith et de Ricardo. Leur définition de la valeur, « produit du travail », le conduit à vouloir déterminer cette valeur, à son tour, d'une manière plus rigoureuse, et il croit qu'on en trouvera la mesure dans la découverte d'une journée normale de travail.

Lassalle, moins théoricien, mais plus pratique, continue à s'en tenir à la doctrine de Louis Blanc : tout le mal consiste dans les abus de la vente et de l'achat du travail; la loi de la libre concurrence lui apparaît comme la loi d'airain des salaires, et, revendiquant pour la classe ouvrière une action politique plus considérable, il demande à l'État l'avance de fonds pour l'organisation d'associations productives, l'établissement d'assurances contre les accidents et les maladies. Esprit brillant, agitateur célèbre, sa parole et ses écrits jetèrent en Allemagne des racines profondes.

Quant à Karl Marx, il procède de Turgot, Smith, Ricardo, mais il prétend refaire la science économique entière. « Toute valeur étant créée par le travail et le salaire de l'ouvrier étant réduit au minimum nécessaire à son existence, chaque produit représente : 1° un *travail nécessaire,* première valeur, qui répond aux besoins de l'ouvrier, équivaut à son salaire et aux frais de la production; 2° un *surtravail,* qui crée dans le produit une seconde valeur, de laquelle proviennent les bénéfices, se forment les épargnes, et dont l'accumulation, suivant Turgot, engendre le capital. Tout le secret de la production du capital consiste donc à obtenir la plus grande quantité possible de *surtravail,* c'est-à-dire de bénéfices, en se servant de machines, en abaissant les salaires, en prolongeant la journée de travail, etc. » Plus le *travail nécessaire* diminue, plus le *surtravail* augmente; plus l'ouvrier peine, plus le capitaliste s'enrichit. Mais les capitalistes se font également concurrence entre eux. Ceux qui s'entendent le mieux à exploiter le *surtravail* finissent par ruiner les moins adroits. Ainsi, la production moderne avance, poussée par la force même des choses, vers la richesse excessive de quelques-uns et la misère croissante du grand nombre : « Le capital moderne, issu du *surtravail,* ne représente, sous toutes ses formes, que la possession du travail d'autrui, un esclavage adouci qui disparaîtra de même que l'esclavage antique. Il n'y a de solution aux difficultés sociales et économiques de notre époque que la destruction des caractères de la production capitaliste. Les expropriateurs du travail d'autrui seront expropriés à leur tour. » Karl Marx fournit une formule scientifique au socialisme révolutionnaire et, pour arriver à ses fins, fonda l'Internationale.

Les doctrines des socialistes d'État et des socialistes révolutionnaires dérivent de la définition du capital donnée par Turgot et de la définition de la valeur formulée par Ricardo.

Une troisième espèce de socialisme devait naître du principe de Rivière et des nombreuses applications qu'en fit Adam Smith. Nous avons dit que Rivière vit dans l'intérêt personnel la source de tous les progrès économiques; mais si l'intérêt personnel est la source de tous les progrès économiques, cet intérêt autorise aussi le développement de tous les égoïsmes, justifie les richesses des uns, les misères des autres, le malaise de tous.

Envisagé de cette manière, ce principe économique devint un principe moral. Il en sortit une troisième école qui, le plus naturellement du monde, fut conduite à chercher dans les principes contraires, dans la charité, la soumission, le dévouement réciproque, les remèdes à nos difficultés sociales : « On ne trouvera que dans le retour aux lois de la morale chrétienne, dans les efforts vers un idéal supérieur, sous l'égide de la religion et de la foi, l'apaisement des discordes économiques, l'adoucissement des souffrances sociales. » Villeneuve-Bargemont devint le fondateur du socialisme chrétien en France, Charles Perrin en Belgique, l'évêque Ketteler en Allemagne, Denison Maurice en Angleterre.

Tandis que cette nouvelle école se développait, Le Play traitait à la fois et les principes des économistes et les théories des socialistes d'idées préconçues. En appelant à une étude plus consciencieuse des faits, il entreprit ses grandes et savantes statistiques qui classent tous les besoins, toutes les dépenses, et les moindres ressources des classes ouvrières. La *Société de la paix sociale* se groupa autour du maître, poursuivit ses recherches et s'inspira de sa méthode en publiant ses monographies. Le Play et ses disciples devinrent, pour ainsi dire, les chartistes de la science économique qu'ils dotèrent, par leur grande œuvre, *les Ouvriers des deux mondes,* d'un trésor inépuisable. Mais Le Play ne découvrit ni un principe plus solide, ni des lois plus stables que ses prédécesseurs, et ne coordonna point sous des formes scientifiques plus rigoureuses les résultats de ses belles recherches. Il conclut à la puissance productrice de la famille souche, à la liberté de tester, au respect du Décalogue. Au lieu de développer la science, il en sortit, et s'adressa, pour arriver à la solution des problèmes économiques, aux règles de la morale, comme les socialistes chrétiens, ou à l'autorité législative, comme les socialistes d'État. Ses disciples suivirent son exemple : ils restèrent chartistes; aucun ne devint historien.

Cette gloire, la jeune école de la nouvelle Allemagne la revendique. En 1853, Kniess publia une *Économie politique envisagée au point de vue de la méthode historique.* L'année suivante, W. Roscher fit paraître un *Système économique,* conçu dans le même esprit.

Tous deux prouvèrent que les diverses formes de la production et leurs transformations successives, loin d'être les résultats de principes absolus, n'étaient que les effets du développement historique des peuples.

Leurs successeurs suivirent leur enseignement, penchant tantôt vers les doctrines des économistes, tantôt vers celles des socialistes. On appela ces derniers les socialistes de la chair.

MM. Schaeffle et Wagner se distinguèrent par leur éclectisme en s'efforçant de prendre à chacune des grandes écoles ce que leurs doctrines paraissaient renfermer de plus pratique, tandis que d'autres, surtout M. Schmoller et ses élèves, restèrent fidèles à la méthode historique. Ils étudièrent les grands phénomènes économiques, leurs origines et leur développement dans l'histoire. « Chaque état social, chaque époque a ses formes de production particulières. » Les principes et les lois qui les règlent se modifient avec chaque peuple et chaque civilisation. L'état sauvage, l'état barbare, l'état civilisé correspondent à autant d'organisations différentes du travail; et, au sein des peuples civilisés, cette organisation varie avec chaque époque de leur progrès; ainsi, les époques féodales et royales se sont distinguées par leurs modes de production autant que par leur organisation politique et sociale. Quant à la doctrine des économistes modernes, elle est issue du mouvement commercial et industriel qui précéda la Révolution française; elle ne représente en réalité que l'avénement de la bourgeoisie. Roscher le prouva pour l'agriculture; ses disciples pour les moyens de transport, les échanges, le crédit, le système monétaire, les formes d'association; M. L. Brentano le démontra même pour les syndicats des ouvriers anglais, dont il découvrit les origines dans les anciennes corporations.

Ce dernier, au cours d'une étude sur la question ouvrière, publiée dans un manuel fait en collaboration avec les représentants en renom de la jeune école allemande, résume leur manière de voir à tous : « Le but « de l'humanité et de la civilisation est de procurer à « chacun les moyens de parvenir au développement le « plus complet possible de ses facultés. »

C'est revenir au point de départ même de la science.

Quesnay, en réclamant la liberté du travail, n'avait eu d'autre objet que « de procurer à chacun le moyen de parvenir au développement le plus complet possible de toutes ses facultés ». Les économistes ont toujours interprété sa doctrine de cette manière. Si à la suite de la liberté du travail les uns deviennent riches, les autres pauvres, c'est un effet de l'infériorité des facultés des uns, de la supériorité de celles des autres; toute organisation artificielle, qu'on en prenne les motifs dans la morale, la législation, les nécessités politiques, dans la religion, la philosophie ou l'histoire, ne fait qu'entraver le libre déploiement des facultés de l'homme. A ce titre, le principe de Quesnay est certainement plus juste et plus conforme à l'esprit de la civilisation que tous les projets de réforme et de réorganisation imaginables.

L'unique moyen « de permettre à chacun de déployer complétement ses facultés est la liberté de pouvoir le faire ». Ce qui nous ramène, par les conséquences qui en résultent, à la doctrine de Sismondi : à l'exploitation de l'ouvrier par le patron, du pauvre par le riche, à la lutte de tous contre tous ; même l'organisation des *trades-unions,* dont M. Brentano conseille l'imitation aux syndicats ouvriers du continent, n'est à son tour qu'une application plus complète du principe de Quesnay, propre à précipiter la lutte entre patrons et ouvriers et à développer systématiquement le conflit général.

Ainsi, un siècle et demi de recherches laborieuses et d'expériences parfois cruelles nous ramène en arrière jusqu'aux premiers débuts de la science de l'économie politique. Serait-elle condamnée à se mouvoir éternellement dans ce cercle?

II

L'éclectisme essayé par MM. Schaeffle et Wagner est par lui-même une négation de la science. Prendre à chaque doctrine ce qu'elle semble renfermer de sérieux ou d'utile, vouloir concilier les ambitions contraires, satisfaire les intérêts opposés, témoigne sans doute de louables efforts; mais, entre le principe de la liberté du travailleur et celui de sa soumission à quelque titre que ce soit, il n'y a point de conciliation possible. L'un ou l'autre principe ou les deux à la fois peuvent être faux; ils ne sauraient être justes en même temps. L'éclectisme peut être un système en littérature ou en politique et, en proportion du talent de son auteur, rencontrer des admirateurs et des partisans, mais il ne saurait être question de système scientifique là où le pour et le contre sont à la fois admis et rejetés. Si souple que soit la pensée, si malléables que soient les caractères, transportées dans la vie pratique, les contradictions économiques prennent la forme d'oppositions sociales dont l'éclectisme lui-même est une formule et non une solution.

Les deux écoles de Le Play en France, de MM. Roscher et Schmoller en Allemagne, sont plus sévères dans leur méthode. La première met toute son ardeur à faire sur place, dans les différents pays du monde, les études les plus minutieuses des conditions du travail; la seconde poursuit ses recherches avec une conscience égale à travers les documents du passé; mais toutes deux contestent la stabilité des principes et l'immuabilité des lois de la science économique : l'une au nom de l'observation immédiate, l'autre en vertu de la méthode historique.

Un principe, pour devenir objet de science, doit porter des caractères toujours identiques et demeurer le même dans ses effets.

La réunion des observations les plus fines sur les faits les plus curieux, la recherche des détails les plus précis et les plus circonstanciés, n'arriveront qu'à former un recueil d'anecdotes, non une histoire scientifique, si l'intelligence des causes permanentes, qui sont les lois de l'histoire, fait défaut.

Ainsi, en économie politique, l'école monographiste et l'école historique développent, chacune suivant sa direction, la masse des connaissances économiques acquises; mais elles découronnent la science en lui contestant la fixité de ses principes, la régularité de ses lois.

Le socialisme chrétien et le socialisme d'État l'anéantissent d'une autre manière. Si la production et les effets qui en résultent, la lutte des intérêts et des classes sociales, sont destinés à ne trouver de terme que dans l'adoption de principes enseignés par l'autorité religieuse ou de mesures prescrites par les pouvoirs publics, cette production et ses effets sont sans principe dérivant de leur nature propre, et l'économie politique n'est plus qu'une discipline réglée par la philosophie religieuse ou une branche de l'art politique.

La somme de misères et de souffrances économiques dont pâtit une nation n'a d'autre origine que la nature de son travail; ces souffrances, ces misères ne sauraient être modifiées que par le changement des caractères de ce travail. La moralisation fût-elle prêchée par un saint Paul; les classes ouvrières eussent-elles à leur disposition le crédit des banques de France et d'Angleterre, et pour protecteur le plus puissant souverain de l'univers, la nature du travail ne serait point modifiée, ni même le moindre de ses instruments.

Il ne faut pas que la grandeur de la morale, la puissance de l'État, les miracles de la foi nous trompent; pas plus qu'ils ne pourraient commander la plus chétive invention, ils ne peuvent diriger les conditions du travail ou régler ses formes. L'histoire nous enseigne comment les religions et leur enseignement, les États et leurs constitutions politiques se sont successivement pliés à l'esclavage, au servage, au prolétariat; et les faits nous prouvent que leurs influences sur les conditions du travail s'arrêtent toujours là où s'imposent les nécessités de l'existence humaine. L'état politique et religieux des peuples dérive plutôt des formes de leur travail que celles-ci ne dépendent de leurs institutions politiques et religieuses.

Le socialisme chrétien et le socialisme d'État, en voulant modifier les caractères du travail par des principes religieux ou des prescriptions législatives, attellent la charrue devant les bœufs : on ne modifie pas les causes par les effets qui en dérivent.

Le socialisme révolutionnaire s'égare davantage encore : il prétend se nourrir de la viande des bœufs, se chauffer du bois de la charrue, puis, avec cette même charrue et ces mêmes bœufs, continuer à labourer le sol. Si le travail de l'ouvrier se distingue en *travail nécessaire,* qui produit les objets indispensables à l'existence, et en *surtravail,* source unique du capital, pour détruire ce dernier il faut nécessairement anéantir le *surtravail* dont il provient. La production capitaliste ne peut être détruite que par le genre de travail qui lui donne naissance. Or, en supposant que cette destruction soit possible, il ne restera que le seul travail *nécessaire,* celui duquel proviennent les valeurs indispensables à l'existence d'un chacun. Ces valeurs, cependant, ce n'est pas l'homme, c'est la nature qui les produit, et pour que l'homme parvienne à en augmenter la quantité, à suppléer à l'insuffisance des dons naturels, il faut de toute façon qu'il se crée un capital : instruments de chasse, de pêche, de labour; mais le capital est détruit! les bœufs sont mangés! la charrue brûlée! — Il n'y a point de tribu de sauvages qui ne soit une bande de capitalistes à côté de l'idéal rêvé par le fondateur de l'Internationale.

« Nous sommes besoigneux, et nous voulons jouir; misérables, il nous faut des richesses, — unissons-nous et prenons-les par la force »; voilà un raisonnement qui se comprend! Mais vouloir détruire ce qui constitue la richesse pour que tout le monde devienne également riche est un non-sens.

Non-sens d'autant plus attristant qu'il est plus difficile de le faire comprendre; il justifie les mauvaises passions et légitime tous les excès.

Les diverses doctrines socialistes ne se distinguent que par la quantité plus ou moins grande d'erreurs qui les composent.

Aucun de leurs auteurs cependant ne conteste que la valeur ne soit un produit du travail, le capital un résultat de l'épargne; bien plus, nul ne doute de la liberté de ce travail ni de celle de la concurrence. Ils ne prétendent que détruire les abus, régler la pratique de cette liberté. Les erreurs de leurs doctrines démontreraient donc à elles seules la vanité des hypothèses qui leur servent de fondement. Il est aussi contraire à la logique la plus élémentaire de déduire de principes vrais des conséquences erronées que de tirer des conclusions justes de principes faux.

La liberté est-elle vraiment la condition première du travail?

Que de peines et de larmes le travail ne coûte-t-il pas à l'enfant! l'homme mûr ne s'y soumet que forcé par ses besoins, et son ambition suprême est d'arriver à acquérir les moyens de pouvoir s'en passer. Combien la légende est infiniment plus juste que la théorie! elle dit : « Tu travailleras à la sueur de ton front. » Les hommes qui n'obéissent à aucune direction, ne supportent ni droits ni péages, sont les sauvages. Le travail est pour eux une honte, et depuis des siècles ils se trouvent dans le même dénûment. Les grandes civilisations procèdent des institutions de l'esclavage ou du servage; il n'en est pas une à l'origine de laquelle le travail ait été libre.

Ce n'est qu'au dix-huitième siècle qu'on a proclamé l'affranchissement du travail; sa liberté n'est donc pas un principe général, puisqu'elle ne réglait point la production des siècles antérieurs. Enfin, en considérant même la liberté comme la forme la plus productive de l'activité humaine, nous devons en reconnaître aussi tous les abus, les tyrannies, les cruautés, sans nous arrêter à un simple jeu sur le sens des mots.

« Plus le travail est libre, plus l'homme peut déployer ses facultés. » Toutes les formes du socialisme n'ont d'autre origine que l'illusion donnée par cette formule : Si l'homme est libre dans son travail, pourquoi ne ferait-il point le meilleur usage de cette liberté, et de ce travail le meilleur emploi?

En fait, le travail est le phénomène le moins libre de la nature humaine; partout l'homme ne s'y soumet que forcé par la nécessité. Quesnay, en réclamant la liberté comme la condition première d'une prospérité générale, semble un enfant qui demande la lune. Il est insensé de concevoir la liberté comme un principe régulier, source constante d'effets uniformes, précisément parce qu'elle est la liberté.

Le principe de Mercier La Rivière mène à des difficultés semblables. « Si l'intérêt personnel presse vivement et perpétuellement chacun de perfectionner, de multiplier les choses dont il est vendeur », ce même intérêt le presse non moins vivement et non moins perpétuellement de le faire en se donnant le moins de peine pour en retirer le plus d'avantages possible. Et si le principe est général comme tout principe doit l'être, il en résulte non « l'accroissement de la masse des jouissances que les autres hommes peuvent en retirer », ainsi que le prétend Rivière, mais l'exploitation des uns par les autres au profit de ceux qui savent, en se donnant le moins de peine, profiter le mieux du travail d'autrui. L'intérêt personnel explique l'accroissement de toutes les richesses, aussi bien que de toutes les misères, la satisfaction des uns et le mécontentement des autres, le progrès général aussi bien que le malaise et l'inquiétude de tous. Il légitime les espérances de l'école des économistes et les revendications des écoles révolutionnaires.

Du reste, le principe de l'intérêt personnel variant d'individu à individu, d'un instant à l'autre, porte bien moins encore que celui de la liberté du travail un caractère scientifique.

La liberté peut du moins apparaître comme la forme constante d'une espèce particulière de la production, propre, comme l'observe l'école allemande, aux oligarchies de notre époque. Mais, sous cette forme, la production procède encore d'une nécessité économique et non pas de la liberté.

Proclamée en France comme un principe philosophique, la liberté du travail fut demandée en Angleterre par les chefs des grandes industries, contrairement aux désirs de leurs ouvriers. Partout, même en France, son application se réduisit à l'abolition des franchises des corps de métiers et des privilèges de la noblesse. Et, en fait, la liberté du travail ne pouvait être entendue autrement.

Lorsqu'un peuple est parvenu, à force de soumission et de discipline sociales, à transformer ses modes de production et se trouve gêné dans leurs formes vieillies, il ne faut point que les gouvernements maintiennent celles-ci arbitrairement.

Même envisagée d'une façon aussi restreinte, on ne saurait faire de la liberté du travail un principe économique. L'objet de l'État et de tout gouvernement est la protection des frontières et le maintien de l'ordre intérieur. Sans cette sécurité et cette protection, le travail social est impossible.

Où commence, dans ces conditions, la liberté? Ce n'est pas la théorie, mais la volonté souveraine de l'État et les capacités intellectuelles de ceux qui le dirigent, les fatalités politiques qui seules en décident.

Proclamer la liberté du travail un principe économique, même chez les peuples qui sont parvenus à l'épanouissement le plus complet de leurs facultés, c'est méconnaître à la fois la nature de l'État et celle du travail. Si les économistes supposent qu'on peut prescrire à l'État son action et son rôle, les socialistes de toutes nuances concluent qu'on doit pouvoir le faire aussi au profit des travailleurs. L'erreur est la même.

Arrivons à la loi de la libre concurrence. Est-elle plus sérieuse que le principe qui lui a donné naissance?

L'histoire démontre que, pendant des siècles, des privilèges de toute sorte, depuis le droit d'aubaine jusqu'aux droits de mainmorte, ont empêché l'exercice de la libre concurrence. Les nations n'en ont pas moins progressé en richesses et en prospérité. L'observation immédiate enseigne qu'aujourd'hui encore la concurrence est sujette à des entraves infinies, depuis les octrois des villes jusqu'aux monopoles des États.

Personne n'est libre, au point de vue économique, de concourir sur le marché du monde comme il l'entend, comme il lui plait. L'industriel dépend de l'agriculteur, l'agriculteur du commerçant, et celui-ci à son tour de l'industriel; l'auteur du libraire, le libraire de l'imprimeur, l'imprimeur du fabricant de papier. Ce n'est pas la liberté, c'est plutôt cette dépendance universelle qui apparait comme la loi régissant les échanges des hommes. D'ailleurs, si le travail est un des phénomènes qui se développent avec le moins de liberté, comment les échanges, qui n'en sont qu'une forme particulière, et la concurrence, qui résulte de ces échanges, peuvent-ils être plus libres ?

Ne serait-ce encore une fois, comme tout à l'heure pour le travail, que dans les limites de la protection et de la sécurité générales, au seul point de vue de l'action de l'État, que l'on doit considérer la libre concurrence comme une condition du progrès matériel?

L'exercice de la libre concurrence exige de la part de l'État une intervention plus active que la protection des frontières et le maintien de l'ordre intérieur nécessaires à la sécurité du travail; elle veut des relations assurées, des moyens de communication rapides, la garantie d'exécution des engagements, une police des marchés, etc., services que l'État rend par les ingénieurs, fonctionnaires, employés de ses nombreuses administrations, par les magistrats de la police, lesquels il entretient en prélevant des impôts sur les rentiers, commerçants et producteurs. Aussi, par son administration, ses règlements et ses impôts, l'État pèse de toute façon sur les échanges. Pour demander la libre concurrence sous la forme d'une loi économique, il faut en méconnaître les conditions les plus élémentaires.

« Mais, tout en tenant compte, dans les plus justes limites, des exigences de l'État et de la concurrence elle-même, les gouvernements peuvent par leurs mesures administratives et fiscales ne constituer de privilége pour personne. »

Serait-ce le sens véritable qu'il faille donner à la libre concurrence?

En fait, la plupart des économistes l'entendent de cette manière.

Imposer les alcools, c'est créer un privilége pour les producteurs de vin; imposer les vins, c'est favoriser les débitants de bières; soumettre la bière aux exigences du fisc, c'est avantager les fabricants de boissons non fermentées.

Toute mesure répartie d'une manière inégale constitue un privilége nouveau. Ce n'est pas un gouvernement parfaitement éclairé, mais un gouvernement impossible qu'il faudrait inventer pour ne privilégier personne par les impôts, la direction des chemins de fer et des routes, le siége des administrations, les emplacements choisis pour des travaux publics. Et quand même l'État se trouverait amené à cet idéal de justice et d'équité comparable au zéro par l'addition duquel aucun chiffre ne se trouve ni augmenté ni diminué, encore se heurterait-on à une dernière difficulté impossible à vaincre, même en théorie.

A mesure que l'État renoncerait à créer des priviléges pour abandonner toutes choses à l'initiative privée, s'accumuleraient sous toutes leurs formes les effets des priviléges naturels, priviléges qui proviennent de la nature du sol et du climat, priviléges que donnent l'esprit d'entreprise, le talent commercial, le génie d'invention; leur nombre est infini.

La libre concurrence ne consisterait-elle, en définitive, que dans le respect des priviléges naturels? Plus chacun est libre, dit en effet le principe de la liberté du travail, d'utiliser les facultés qu'il possède et de profiter des circonstances dans lesquelles il se trouve, plus la concurrence augmente, et plus s'accroissent la production et la prospérité générales. Malheureusement, plus la prospérité générale augmente, plus les priviléges particuliers, fussent-ils les plus naturels du monde, disparaissent. Il ne saurait y avoir de prospérité générale là où subsistent des priviléges particuliers. Entre l'une et les autres il y a incompatibilité.

Autre chose est la libre concurrence, autre chose le respect des priviléges naturels. Si, par la première, le prix des choses tend à baisser et la production à croître, par le respect des seconds, les favorisés de la nature deviennent aussi de plus en plus riches, et les déshérités de cette même nature de plus en plus misérables. Et si, malgré ces deux tendances contraires, il se peut que par le respect des priviléges naturels les richesses des uns augmentent sans interruption, et que par la concurrence qu'ils se font entre eux l'aisance générale grandisse, qu'un ouvrier de nos jours, par exemple, parvienne à jouir d'un bien-être supérieur à celui d'un seigneur féodal, ce fait ne détruit en rien la fatalité des conséquences qui en dérivent. Si la prospérité d'un peuple parait augmenter d'une époque à une autre, il ne faut pas oublier que l'époque antérieure a disparu et qu'elle ne constitue plus un facteur économique. L'aisance dont jouissait un seigneur féodal au moyen âge ne saurait en aucune façon calmer les appétits d'un ouvrier du dix-neuvième siècle. Les revendications de ce dernier prouvent, d'une manière autrement vivante qu'un parallèle historique, que la libre concurrence et le respect des priviléges naturels ne sont pas du tout la même chose. C'est précisément au nom de la libre concurrence que les auteurs socialistes et les classes ouvrières demandent l'abolition des priviléges naturels.

Le point de départ des deux écoles est encore une fois identique; c'est pour obéir à la loi de la libre concurrence que les économistes réclament le respect des priviléges naturels; c'est afin de pouvoir pratiquer cette même libre concurrence que les socialistes demandent l'abolition du respect de ces priviléges. Conclusions contradictoires qui, de quelque façon qu'on les envisage, démontrent que la libre concurrence ne constitue point une loi économique. Une loi qui a pour conséquence le contraire de ce qu'elle exprime ne peut être qu'une erreur. Ou bien la libre concurrence a pour objet l'accroissement de la production, l'abaissement des prix, la prospérité générale et, par suite, la destruction des effets qui dérivent du respect des priviléges naturels, ce qui est la négation même de la libre concurrence; ou bien elle a pour objet le respect de ces priviléges et, par suite, l'exagération constante de la fortune des riches et de la misère des pauvres, ce qui est absolument le contraire de la prospérité générale.

Les deux théories sont des sophismes en économie politique, comme les raisonnements de même espèce en philosophie.

Reste le libre échange.

« Si la liberté du travail et celle de la concurrence ne sont ni un principe général ni une loi économique, du moins, dans les rapports des différentes nations sans communauté ni solidarité sociales, l'utilité du libre échange parait-elle d'une évidence incontestable? »

L'Amérique fournit l'hectolitre de blé à 18 francs; l'État m'oblige par ses droits d'entrée à le payer 21 francs à mon voisin l'agriculteur; c'est en réalité 3 francs qu'il prend dans ma poche pour les mettre dans la sienne. Voilà le principal argument sur lequel s'appuient les partisans du libre échange.

Une agglomération d'hommes ne se développe, ne devient une nation, ne forme un État que grâce à l'exploitation du territoire qu'elle occupe. Si plus tard, à mesure que les intérêts se coordonnent, que les relations se fortifient, la nation étend ces rapports à d'autres peuples et profite par ses échanges des richesses qui font défaut à son sol, des produits industriels qu'elle n'a pas su créer, il semble qu'il n'en puisse résulter qu'une source de prospérité constante sans oppositions sociales d'aucune espèce.

La théorie serait d'une justesse parfaite, si les hommes étaient des êtres purement abstraits dont le génie industriel et commercial, l'esprit d'invention et de découverte, l'intensité et la force de travail restaient toujours les mêmes. Alors, chaque nation étant immobile sur son sol, toujours le même, la liberté des échanges avec les autres nations ne pourrait que leur profiter en tous sens. Reste à savoir si une nation immobile sur son territoire, toujours le même, arriverait jamais à rechercher n'importe quel échange avec les nations voisines.

C'est au nom du progrès qu'on veut le libre échange, et les conditions de ce progrès en rendent l'application impossible.

Si une agglomération d'hommes ne devient une nation et ne constitue un État que grâce à l'exploitation de son territoire, ces mêmes hommes se sont également donné une organisation politique particulière, des habitudes de travail et de production propres, enfin une législation qui répond à leur développement social. Introduire le libre échange international sans introduire également l'uniformité des conditions intellectuelles, sociales, économiques, législatives, c'est autoriser l'exploitation des ressources territoriales des nations en retard par les nations avancées ou ruiner les nations pauvres au profit des nations riches. Quand donc entreverra-t-on la profondeur des conditions de l'existence des peuples? Ce n'est pas seulement au chapitre des profits et pertes que se calculent leurs misères et leurs progrès.

Le libre échange ne peut pas plus garantir aux nations leur prospérité matérielle qu'il ne peut leur donner le génie commercial et industriel qui leur est nécessaire pour parer à toutes les éventualités du dehors, pour découvrir sans cesse des débouchés nouveaux, pour améliorer sans interruption l'outillage, enfin pour modifier leur législation commerciale et industrielle, changer leur organisation administrative et politique, et tout cela dans la proportion où les autres nations se transforment.

En principe, toute production étrangère est contraire au développement national, parce que chaque nation doit sa formation à ce seul fait que, grâce à son travail, elle est parvenue à subsister et à s'accroître sur son territoire. Les formes du travail, les besoins individuels, le caractère national, la nature du sol sont à tel point liés entre eux que la diversité des peuples et de leur histoire ne s'explique que par eux. Si, malgré la profondeur de cette solidarité, les produits étrangers peuvent à certaines époques concourir au développement national et le porter à un degré plus élevé, ce n'est qu'à une seule condition : que la consommation de ces produits corresponde exactement à un progrès nouveau dans la production intérieure; hors de là, elle n'est qu'une cause d'appauvrissement ou de dégradation du travail national. Un peuple, voire une peuplade, qui consomme les produits étrangers sans profiter en raison directe dans sa production, épuise non-seulement les richesses de son territoire et ses ressources futures, mais encore déchoit dans son travail. Aucune théorie ne conjurera ces effets.

Observation tellement conforme à l'histoire qu'à elle seule elle suffirait à expliquer la déchéance des peuples et la disparition des États.

Toutes les nations, pour se maintenir sur la scène historique, passent successivement du libre échange à la protection ou de la protection au libre échange, selon qu'elles dominent ou sont dominées par la production étrangère; elles sont même libres échangistes et protectionnistes à la fois, selon qu'elles excellent dans une production et faiblissent dans une autre. L'Angleterre, qui demande le libre échange pour ses cotonnades, deviendra protectionniste le jour où les États-Unis de l'Amérique du Nord les lui fourniront à meilleur marché; et ceux-ci, protectionnistes pour tous les produits industriels, sont libres échangistes pour les produits agricoles. Ce n'est pas du libre échange, mais d'une politique commerciale bien entendue que dépend la prospérité des peuples.

Les deux formes du libre échange et de la protection sont si peu des principes économiques ou des systèmes contraires, que l'une conduit toujours à l'autre. Une nation qui, par suite de sa supériorité industrielle, pratique le libre échange, voit ses richesses s'accroître, mais aussi les salaires s'élever, la vie devenir plus chère, la production plus difficile, jusqu'au moment où une autre nation, à main-d'œuvre moins chère, à production plus aisée, lui créera une concurrence désastreuse et la plongera dans des crises d'autant plus profondes qu'elle sera devenue moins apte à transformer son outillage ou à changer sa production. Alors forcément elle protégera les ouvriers et les industries qui chôment en attendant qu'elle puisse renouveler leur outillage, modifier leur travail, si elle en a encore la force et le génie.

Pour la même raison, toute protection doit avoir pour but le libre échange. Une nation qui, par la protection qu'elle accorde à son travail, n'aboutit pas au libre échange est une nation qui se ruine. En retour des importations qu'elle frappe de droits élevés, les autres nations grèvent ses exportations. Les producteurs et consommateurs de l'intérieur soldent les différences. En même temps, la production empêchée par les difficultés de l'exportation, la consommation entravée par celles de l'importation, prennent des proportions de plus en plus étroites, artificielles. Son développement naturel, faussé dans toutes les directions, s'arrête, et pendant que les autres nations continuent à perfectionner leur outillage, à étendre leur marché, à amender leur législation, elle s'épuise dans une lutte de plus en plus stérile contre les richesses, les inventions, les progrès de l'étranger. La théorie de la protection à outrance du travail national est non moins erronée que celle du libre échange irréfléchi.

Dans tous les cas, à quelque point de vue qu'on l'envisage, le libre échange ne saurait constituer un principe ou une loi économique, pas plus que la protection. Il en est de la liberté du travail, de la concurrence et des échanges internationaux comme de l'esclavage et du prolétariat, des privilèges des corps de métiers et du servage : formes diverses de la production humaine, mobiles comme les circonstances, se modifiant, puis disparaissant avec les époques et avec les hommes.

La science économique a été fondée, comme presque toutes les sciences à leur origine, sur une illusion : que la liberté du travail était un droit naturel; et sur une hypothèse : que l'exercice de cette liberté conduisait par lui-même à tous les progrès. Illusion et hypothèse qui ont pris par leur généralité les caractères d'un principe permanent et d'une loi fondamentale.

La pensée est ainsi faite : dans son besoin de se rendre compte des faits, à défaut de la découverte des causes véritables, elle s'arrête aux causes apparentes Les expériences amassées au hasard, les théories particulières, les observations isolées sont recueillies, et leur ensemble prend les formes extérieures d'une science en devenant l'objet d'une foi d'autant plus ardente que les apparences sont plus trompeuses. Dans la suite, pour en défendre les principes et les lois, on fausse le caractère des faits, on force le sens des mots, les oppositions, les contradictions surgissent, et l'on s'égare à chercher vainement des solutions étrangères à la science elle-même, jusqu'à ce qu'on finisse par reconnaître la vanité de ces efforts et par désespérer de leurs résultats. Telles ont été et seront toujours les conséquences d'une confiance en des principes insuffisants et des lois imparfaites.

L'économie politique est non-seulement la science de la production des richesses; elle est aussi celle de la production des misères. Les périodes de crise et de ruine sont des phénomènes économiques au même titre que les périodes de prospérité; comme la décadence matérielle des peuples est un fait historique, aussi bien que leur prépondérance momentanée.

Ce n'est qu'en considérant d'une manière plus ample la raison de la valeur attribuée aux choses, en formulant d'une façon plus vaste les lois qui régissent le travail, que l'on parviendra à se rendre compte des vraies causes dont tous les faits économiques dérivent et à concevoir des solutions conformes à la nature des choses.

LES ÉLÉMENTS
DE
L'ÉCONOMIE POLITIQUE

CHAPITRE PREMIER

DE L'ÉTAT SOCIAL.

L'organisme social. — Tout le monde sait, dit Domat, l'ami de Pascal, que la société des hommes forme un corps dont chacun est membre. Bossuet complète sa pensée : « Comme nous avons plusieurs membres, qui tous ensemble ne sont qu'un même corps, et que les membres n'ont pas tous une même fonction... ainsi nous sommes les membres les uns des autres. » Cette croyance, à laquelle la fable a donné une forme si vivante dans l'apologue des « Membres et de l'Estomac », le dix-huitième siècle l'a remplacée par le principe de l'indépendance de chacun, de la liberté, de l'égalité de tous.

Il semblait en effet que la comparaison de l'état social à un organisme dont chaque individu forme une partie n'était juste que lorsqu'il s'agissait, par exemple, d'une ruche d'abeilles, où nous distinguons les ouvrières, les frelons, la reine, destinés par la diversité même de leurs organes à des fonctions différentes. Rien de semblable dans les sociétés humaines, sauf la distinction en femmes et en hommes, enfants et vieillards; tous sont doués des mêmes organes, sont capables de remplir les mêmes fonctions, paraissent à la fois égaux et parfaitement indépendants les uns des autres.

Néanmoins la doctrine du dix-huitième siècle ne reposait que sur une illusion; elle avait pris ses origines dans l'hypothèse de « l'homme à l'état de nature », qui n'a jamais existé, tandis que l'opinion des penseurs du dix-septième siècle répondait vraiment à l'état de l'homme vivant en société.

Lorsque l'enfant apprend la langue maternelle, l'apprenti un métier, l'étudiant une science, ils paraissent tous trois indépendants, et cependant, quelle que soit leur indépendance, l'enfant apprend la langue maternelle pour pouvoir s'entendre avec ses parents, l'apprenti s'instruit dans un métier pour pouvoir subvenir à son existence, l'étudiant s'efforce d'acquérir un certain savoir pour être en état de poursuivre sa carrière. Il faut, en d'autres termes, que chacun, selon ses aptitudes et les circonstances dans lesquelles il se trouve, coordonne ses efforts de manière à devenir une partie intégrante de ce vaste organisme qu'on appelle un état social. C'est la condition première non-seulement de l'existence de l'homme, mais encore de la formation de toute société humaine. Les fonctions diverses que la nature impose par la particularité des organes aux différents membres d'une ruche d'abeilles, la formation de la société, les nécessités de son développement matériel et intellectuel, l'éducation, les usages, les coutumes l'imposent à chaque homme destiné à vivre dans l'état social et par lui. De même que l'enfant a été initié à la langue de ses parents, l'apprenti au métier du patron, l'élève à la science du maître, le maître, le patron, les parents ont été enfants à leur tour, ont subi la même action, et plus les efforts, dans la suite des générations, auront été multipliés et leur transmission régulière, mieux l'organisme social se sera développé dans toutes les directions. Seule la tribu de sauvages, impuissante à se donner une organisation sérieuse, est restée dans le dénûment absolu qui caractérise les sociétés primitives.

De l'état économique. — Montesquieu, le dernier qui ait compris ce que c'était qu'un état social, écrivait à propos des lois : « Elles doivent être relatives au physique du pays; au climat glacé, brûlant ou tempéré; à la qualité du terrain, à sa situation, à sa grandeur; au genre de vie des peuples, laboureurs, chasseurs ou pasteurs; elles doivent se rapporter au degré de liberté que la constitution peut souffrir; à la religion des habitants, à leurs inclinations, à leurs richesses, à leur nombre, à leur commerce, à leurs mœurs, à leurs manières. Enfin, elles ont des rapports entre elles; elles en ont avec leur origine, avec l'objet du législateur, avec l'ordre des choses sur lequel elles sont établies. »

S'il en est ainsi des lois, combien à plus forte raison de l'état économique d'un peuple! Comme les lois, cet état économique est relatif au physique du pays; au climat glacé, brûlant ou tempéré; à la qualité du terrain, à sa situation, à sa grandeur; au genre de vie des peuples, laboureurs, chasseurs ou pasteurs. L'état économique est la base sur laquelle sont assises toutes les formes sociales et politiques; chacune de ses transformations quelque peu profonde entraîne leur bouleversement. Les rapports des classes sociales se modifient avec leurs rapports de production; l'autorité des gouvernements, leur administration, leurs finances, leur organisation judiciaire changent avec les besoins éprouvés par leurs sujets. C'est mal comprendre l'histoire que de s'en tenir aux seules apparences extérieures plus ou moins brillantes des événements.

Depuis la motte de terre soulevée par une main humaine, la pelletée de minerai extraite des profondeurs du sol, jusqu'aux produits les plus achevés des sciences et des arts, il faut que le travail premier, le travail intermédiaire et le travail final soient accomplis avec une régularité d'autant plus grande que les produits sont plus compliqués, les œuvres plus parfaites. Travail immense, continu, qui répond seul au degré, comme dit Montesquieu, de la liberté que la constitution peut souffrir; à la religion des habitants, à leurs inclinations, à leurs richesses, à leur nombre, à leurs mœurs, à leurs manières.

L'état économique d'un peuple est non-seulement le fondement de son état social et politique, mais il est encore l'expression la plus exacte du degré de civilisation que ce peuple a atteint.

Loi générale de l'activité humaine. — En étudiant à ce point de vue les phénomènes de l'existence des individus et de l'histoire des États, nous découvrons que ces phénomènes sont les résultats d'une loi universelle qui régit toute activité humaine. Pour parvenir à satisfaire ses besoins il faut que l'homme coordonne ses actes de manière à y arriver, assouplisse ses organes, apprenne à travailler; pour qu'il parvienne à parler, il faut que les sons qu'il prononce, les objets qu'il distingue, les sentiments qu'il éprouve, non-seulement se coordonnent de façon à exprimer sa pensée propre, mais s'accordent encore avec l'expression de la pensée des autres. Le moindre des jugements, comme la plus grande découverte, est le résultat d'une coordination d'idées, et si nous nous élevons du travail, du langage, de nos jugements, de nos découvertes, jusqu'aux arts, aux lettres, aux principes de la morale, aux formes de la politique, partout et toujours la même loi renait. C'est de la coordination des efforts d'un homme et de la coordination de ses efforts avec ceux des autres que naissent, depuis le premier bégayement d'un enfant jusqu'à la domination des peuples, tous les phénomènes de la vie des sociétés humaines. Par cette coordination, les hommes parviennent à produire les objets nécessaires à leur existence; par elle encore ils s'organisent et forment des nations, se donnent des institutions politiques, se constituent en États.

Dès que cesse la coordination des efforts, cesse aussi le développement intellectuel, social, politique, de même que toute science s'arrête au point où nous ne pouvons plus en coordonner les éléments.

Caractère absolu de la loi. — A l'état sauvage comme à l'état civilisé, au sein du bien-être et de la prospérité comme au milieu des ruines et des désastres, la situation économique, sociale, politique, est l'expression exacte du degré d'accord établi entre les efforts de tous. Les richesses, l'aisance générale, les progrès aussi bien que les privations, les malaises, les misères en proviennent : souffrances lorsque, riche ou prolétaire, artisan ou capitaliste, nous dissipons vainement nos forces en efforts stériles; souffrances lorsqu'une classe sociale, dans ses ambitions ou dans ses revendications, méconnait les efforts d'une autre; souffrances encore quand l'État nous surcharge d'impôts exorbitants ou nous accable de lois arbitraires; souffrances enfin lorsque les nations, dans leurs rivalités ou leurs concurrences, s'étouffent mutuellement par leurs violences à main armée ou leurs luttes sur le marché du monde.

Le bien-être privé et la prospérité publique croissent proportionnellement à la coordination des efforts; mais ils diminuent aussi en raison directe de l'impuissance à développer ces efforts davantage. La loi, au fond, est la même, quelque contradictoires qu'en paraissent les deux termes.

Que le bien-être privé et public croisse proportionnellement à la coordination des efforts, est une conséquence nécessaire de la nature même de tout état social. En effet, comme non-seulement la situation économique, mais encore les rapports intellectuels et moraux et l'organisation politique ne sont formés que par cette coordination, il en résulte que plus cette coordination augmente, plus la situation économique s'améliore, l'état moral et intellectuel progresse, et les institutions politiques se fortifient. Mais il ne semble pas que la prospérité privée et publique doive diminuer en raison de l'impuissance à développer davantage cette coordination. Un peuple qui cesse de se développer paraît pouvoir rester stationnaire, et les formes de sa production, son organisation sociale, ses institutions demeurer immobiles; les milliers d'années que comptent certaines civilisations, telles que celle de la Chine, paraissent le démontrer d'une manière certaine.

L'histoire de la Chine offre des époques successives de prospérité et d'affaissement, de progrès et de décadence. Des races diverses se sont succédé dans la domination de cet immense empire, et sa civilisation a marché du midi au nord avec la même régularité que la civilisation européenne. Comme les individus, les peuples se modifient sans cesse.

Le savant, incapable de coordonner les faits de manière à découvrir une vérité inconnue, n'en continuera pas moins à coordonner en chacun de ses jugements les idées incomplètes qu'il possède, et en les appliquant formera des erreurs qu'il croira vérités.

Le patron qui s'est enrichi par le travail de ses ouvriers, et continue à poursuivre la satisfaction de ses besoins propres, sans chercher à donner à son tour satisfaction aux besoins de ses ouvriers, augmente leur misère, en même temps qu'il tarit la source de sa fortune.

Une classe sociale, parvenue à diriger les autres, ne maintient sa suprématie qu'à la condition d'être soutenue par le concours des autres, sinon elle s'isole et tombe malgré toutes les habiletés et tous les abus de pouvoir. Là où s'arrête la coordination de nos efforts les mots mêmes changent de sens, la vérité se transforme en erreur, la richesse en misère, le gouvernement en tyrannie. Chacun n'en continue pas moins à rechercher la coordination de ses efforts personnels, mais ses efforts personnels n'étant pas coordonnés avec ceux des autres, il n'en sort que la désorganisation au lieu du progrès. Il en est des sociétés humaines comme de tous les êtres vivants; dès qu'ils cessent de croître, ils commencent à mourir.

Les misères économiques et sociales ont la même origine que les oppositions des caractères et des opinions, les haines et les rancunes sociales et nationales. Toutes les fois que l'accord entre les efforts d'un certain nombre d'hommes s'arrête, il se forme à côté une société nouvelle, parlant une langue différente, se donnant d'autres habitudes de travail et de pensée. Et lorsque les rapports s'établissent entre les deux sociétés, les oppositions éclatent exactement de la même manière qu'entre deux individus qui ont vécu isolés l'un de l'autre, animés de passions contraires; de la même manière qu'entre deux classes sociales poursuivant des buts opposés. Les rivalités ne naissent entre les individus, les luttes ne surgissent entre les classes, les guerres n'éclatent entre les nations qu'au moment où dans leurs rapports ils ne peuvent plus coordonner leurs efforts; et ces haines individuelles, sociales ou nationales persistent, croissent ou disparaissent à travers les générations, en raison de la même loi, en raison du degré plus ou moins fort de coordination où sont parvenus dans leurs efforts communs les individus, les classes, les nations.

La loi est absolue. Ce serait folie de chercher à s'y soustraire, à la transformer ou à la détruire, de même que ce serait folie de décider que les astres n'obéiront plus à la gravitation ou que les rivières ne suivront plus leur cours.

Les doctrines. — Les deux grandes écoles qui se partagent le domaine de la science économique ont parfaitement compris chacune un des côtés de la loi. Les doctrines individualistes ont démontré que le progrès ne surgit que de l'initiative personnelle ; les doctrines socialistes ont prouvé que sans solidarité, sans communauté d'efforts, ce progrès n'engendre que des abus.

Il n'y a point de progrès qui ne soit dû à l'initiative individuelle, et il n'existe point d'état social qui ne soit fondé sur une commune solidarité. Les deux manières de voir sont également justes, l'erreur consiste à ne pas comprendre qu'elles ne représentent en réalité qu'un seul et même fait régi par une seule et même loi.

Le premier son prononcé par un enfant est dû à son initiative personnelle, mais ce son ne devient une parole qu'à la condition d'être compris par autrui. L'initiative personnelle et la solidarité sociale se manifestent dès les premiers pas de l'enfant dans le monde et se maintiennent jusqu'à la fin des sociétés. De la somme des initiatives individuelles est formé l'état social ; en dehors de cette somme il n'existe pas.

Quant à la nation tout entière, elle sera d'autant plus prospère et ses progrès d'autant plus considérables que l'initiative individuelle des citoyens sera plus libre et plus puissante, et que leurs efforts communs seront mieux coordonnés. Au contraire, la nation marchera vers sa désorganisation politique, sociale et économique d'autant plus rapidement que cette initiative individuelle des citoyens sera plus comprimée, et que leurs efforts seront moins bien coordonnés ensemble.

Les deux doctrines, l'individualisme et le socialisme, sont, au même titre, antiéconomiques et de tristes symptômes du mal social qui nous emporte. L'individualisme est par lui-même déjà, comme le mot l'indique, l'expression la plus achevée d'une désorganisation sociale. Le socialisme aboutit identiquement au même résultat. Imaginez une forme de coordination des efforts humains, la plus parfaite possible, cette forme ne sera qu'un rêve tant que les efforts individuels ne la réaliseront point. Or, ces efforts produisent précisément l'état social et économique tel qu'il est. Pour le modifier, il faudrait le détruire. — Par qui? — Par quoi? Nous avons dit qu'en dehors de la somme des efforts individuels cet état social et économique n'existe pas et n'est rien.

De là une dernière illusion à laquelle tous les économistes s'abandonnent. Ils s'imaginent que par l'enseignement et la moralisation, la législation, la liberté ou la force, on parviendra à fortifier ou à changer une situation économique.

Lorsque l'instruction n'enseigne pas la vérité, elle ne fait qu'égarer les esprits; lorsque la morale s'adresse à des hommes qui ne sont pas libres de la pratiquer, elle n'est qu'une source de désordres et de troubles nouveaux; la législation n'obtient de soumission que si l'entente est suffisante pour qu'elle puisse être appliquée; la force enfin n'est pas plus capable de maintenir un état social que de le fonder; on ne reconstruit pas un édifice en le démolissant. Erreurs néanmoins fort naturelles : n'ayant reconnu qu'une partie des effets de la vie économique des États, on en recherche les causes dans des principes qui en sont différents, dans des aspirations idéales ou gouvernementales, dans les ambitions d'une classe, dans les revendications d'une autre. Dans l'impuissance de coordonner tous les faits, on s'arrête à ceux que l'on croit comprendre !

Universalité de la loi. — Ainsi la loi, dans son universalité, s'applique même aux utopies sociales et économiques.

Il pourrait même sembler que, sous cette forme, la loi soit tellement générale qu'elle n'ait aucun caractère spécial et qu'elle puisse servir de loi morale, philosophique ou politique aussi bien que de loi économique.

Toutes les forces de la nature agissent en raison inverse du carré des distances : la lumière comme la chaleur, comme la pesanteur. La science de l'optique ne s'en distingue pas moins de la science de la chaleur et de celle de la gravitation. De même l'économie politique se sépare de la philosophie, de la morale, de la politique. Elle a son principe propre qui est la satisfaction de nos besoins, comme l'optique a le sien qui est la lumière. Nous devons nous nourrir et nous vêtir, créer les moyens pour satisfaire nos besoins, quel que soit notre état moral ou physique, ou l'organisation politique de l'état social dans lequel nous vivons ; les confondre avec les conditions économiques de notre existence, c'est vouloir résoudre les problèmes de la lumière par les phénomènes de la chaleur.

Il en est des sciences qui ont pour objet l'humanité, comme des sciences qui ont pour objet la nature. Comme la nature, la société ne constitue un ensemble que grâce à l'universalité des lois qui régissent ses manifestations; et cet ensemble, nous n'apprenons à le connaître, comme nous n'apprenons à connaître celui de la nature, que par l'étude de chacune de ses formes et de chacune de ses forces, sans commettre erreur ni confusion d'aucune sorte.

CHAPITRE II

DE L'OBJET DE L'ÉCONOMIE POLITIQUE.

Définitions. — On a donné de nombreuses définitions de l'économie politique. Adam Smith en fait la science de la nature et des causes de la richesse des nations ; J. B. Say, l'étude des modes de formation, de distribution et de consommation des richesses. Selon Sismondi, l'économie politique a pour objet le bien-être physique de l'homme, autant que ce bien-être peut être l'ouvrage d'un gouvernement. Karl Marx, dans son fameux livre *le Capital,* transforme l'économie politique en une science des misères des classes populaires. Récemment enfin, M. Schoenberg, dans un Manuel publié avec la collaboration des professeurs allemands les plus renommés, l'a définie : « l'ensemble de l'activité économique d'un peuple « politiquement indépendant (l'ensemble, par suite, de « l'activité d'un tel peuple en tant que cette activité tend « directement ou indirectement à la production et à « l'emploi de biens matériels destinés à la satisfaction « des besoins), et l'état économique provoqué par cette « activité. Elle est en même temps l'ensemble de toutes « les économies (*Wirthschaften*) d'un peuple politique- « ment indépendant [1]. »

[1] « Die *Volkswirthschaft* oder das wirthschaftliche Leben eines

Nous dirons : L'économie politique est la science des rapports qui s'établissent entre les hommes en vue de la satisfaction de leurs besoins.

Divisions. — Les économistes italiens ont les premiers séparé de l'économie politique en général « l'économie nationale » ; les économistes allemands ont distingué l'économie universelle (*Weltwirthschaft*) et l'économie privée (*Privatwirthschaft*), l'économie sociale (*Socialwirthschaft*), et ont pensé qu'il existait même une économie de famille, de tribu, de peuple (*Familien, Stames, Volkswirthschaft*).

L'économie politique se présente sous des aspects très-différents suivant que ses phénomènes ont pour cause première l'accomplissement de faits tellement généraux qu'ils sont en quelque sorte propres à chaque individu, ou l'accomplissement d'actes qui nécessitent le concours d'un nombre déterminé de forces et d'intelligences, suivant qu'ils résultent de l'application de mesures prises par les gouvernements ou des relations existant entre les États.

Nous diviserons d'après cela ces études en quatre parties : dans la première, sous le nom d' « éléments, » nous traiterons des besoins de l'homme, des efforts qu'il fait

Volkes ist der Inbegriff der wirthschaftlichen Thaetigkeit eines politisch-selbstaendigen Volkes (der Inbegriff also der gesammten Thaetigkeit eines solchen Volkes soweit diese direct oder indirect gerichtet ist auf die Beschaffung und Verwendung materieller Gueter zum Zweck der Befriedigung von Bedürfnissen) und der durch diese Thaetigkeit herbeigeführte wirthschafliche Zustand. Sie ist zugleich der Inbegriff aller Wirthschaften eines politisch selbstaendigen Volkes. » (*Handsbuch der politischen Oekonomie*, vol. I, p. 9, § 9.)

pour les satisfaire, des principes qui régissent ces efforts et des formes générales qui en résultent; dans la seconde partie, nous traiterons de l'économie sociale, des différentes associations humaines et des relations qu'elles engendrent; la troisième partie sera consacrée à l' « économie publique », rôle de l'État en matière économique; enfin nous réserverons la quatrième, sous le titre d' « économie internationale », à l'examen des questions qui dérivent des rapports existant entre les nations et des intérêts qui les unissent ou les divisent.

Méthode. — En présence d'un sujet aussi vaste, il importe de nous rendre compte de la méthode que nous aurons à suivre dans l'étude et l'observation des nombreux et grands phénomènes qu'offre la vie économique des individus, des classes sociales, des gouvernements et des nations.

Nous retrouverons à ce sujet chez les auteurs des opinions aussi dissemblables que lorsqu'il s'agissait de définir l'économie politique. Bon nombre n'y ont vu qu'un prétexte à renouveler les interminables controverses des philosophes, dont les uns reprochent aux autres leurs principes *à priori* et leurs déductions abstraites, alors que ceux-ci reprochent aux premiers leurs inductions hasardées et leurs affirmations téméraires.

Lorsque Quesnay, Turgot, Smith proclamèrent au siècle dernier que la liberté des transactions et l'indépendance individuelle étaient les conditions indispensables de la prospérité des nations, ce fut une induction que justifia pleinement dans la suite le développement extraordinaire que prirent le commerce et l'industrie, après la suppression des jurandes et maîtrises, des droits et péages, des abus et privilèges, en un mot de tous les obstacles qui s'opposaient au développement des relations et de l'initiative économique. Mais dès qu'on eut la prétention d'appliquer leurs principes et d'en faire des règles absolues, on tomba dans l'erreur la plus grossière, car à force de faire violence aux textes et aux mots, on finit par retrouver dans leur doctrine des faits auxquels avaient d'autant moins songé les auteurs que ces faits ne s'étaient pas encore produits à leur époque. C'est ainsi que leur doctrine devint de plus en plus abstraite à mesure qu'on l'éloigna de la réalité des choses.

Descartes a déjà observé que la connaissance des conditions du bien-être public était une science purement expérimentale[1]. Les besoins que les hommes éprouvent, les efforts qu'ils font pour les satisfaire, les rapports qui par suite s'établissent entre eux, ne dérivent ni d'idées abstraites, ni de vérités axiomatiques, mais constituent des données essentiellement mobiles, changeant avec les individus, les époques, les nations. La découverte des principes qui les dominent ainsi que des lois qui les ré-

[1] *Discours de la méthode*, sixième partie :

« Sitôt que j'ai eu acquis quelques notions générales touchant la physique, j'ai cru que je ne pouvais les tenir cachées sans pécher grandement contre la loi qui nous oblige à procurer autant qu'il est en nous le bien général de tous les hommes, car elles m'ont fait voir qu'il est possible de parvenir à des connaissances qui soient fort utiles à la vie, et qu'au lieu de cette philosophie spéculative qu'on enseigne dans les écoles on en peut trouver une pratique par laquelle nous pourrions nous rendre maîtres et possesseurs de la nature, ce qui n'est pas seulement à désirer pour l'invention d'une infinité d'artifices qui feraient qu'on jouirait sans aucune peine des fruits de la terre et de toutes les commodités qui s'y trouvent. »

gissent exige non-seulement une observation des faits très-minutieuse, mais encore une puissance intellectuelle capable de les poursuivre dans leurs causes et de les coordonner entre eux. Or chacun, suivant les facultés dont il est doué, observe et interprète les faits à sa manière, chacun suivant son intelligence comprend les auteurs et applique leurs idées d'une manière plus ou moins habile. Ainsi se sont établies les différentes doctrines économiques, leurs oppositions, leurs contradictions. L'homme dont la pensée est faible s'attache aux croyances des autres et se contente d'en déduire les conséquences; une pensée plus indépendante est frappée davantage par les faits qui la touchent, mais n'est aussi que d'autant plus portée à en exagérer la valeur. Les reproches que se font mutuellement les auteurs au sujet de la méthode qu'ils ont employée s'adressent non pas à cette dernière, mais au degré d'intelligence et aux facultés qu'ils ont déployées dans leurs études et leurs observations.

Il n'y a qu'une méthode, la même dans toutes les sciences : penser juste. Plus les faits sont nombreux et divers, plus la découverte des principes dont ils dérivent est difficile. Ce n'est pas une affaire de méthode, c'est une question de génie que de penser juste en ces matières.

Dans la proportion où nous parviendrons à classer les faits et à les concilier par des inductions appropriées, nous produirons un précis qui aura le caractère scientifique; dans la proportion où nous n'y parviendrons pas, nous n'émettrons que des théories vaines et sans portée pratique; ce n'est pas modestie de le reconnaitre, c'est avoir conscience de la difficulté de la tâche.

Objet de la science économique. — L'ingénieur qui utilise les forces de la nature en employant ses matériaux n'établit pas lui-même les formules mathématiques qui lui servent dans ses travaux et les principes dont il part; il les tient de l'homme de science qui par l'étude approfondie des phénomènes a su coordonner les faits de manière à en dégager ces formules. Il en est de l'économiste comme du savant : lui aussi se borne à observer et à conclure, il constate les faits, en recherche les causes, en interprète les conséquences; mais il ne lui appartient pas plus de mettre les hommes à l'abri de l'erreur, d'écarter loin d'eux les éléments de perturbation et de désordre, de prévenir leur décadence industrielle ou commerciale, qu'il n'appartient au savant de tracer des routes et de construire des ponts.

Prétendre que l'économie politique a pour objet le développement le plus grand possible des facultés de tous, ou le bien-être général, ou encore la production, l'échange et la consommation des richesses, c'est lui faire perdre le caractère d'une science.

Libre aux hommes d'État et aux ministres d'assurer la fortune publique en concluant des traités de commerce avantageux, en établissant des impôts et des tarifs convenables, en réglant par la législation les rapports des producteurs et des consommateurs; libre à ces derniers d'organiser comme ils l'entendent le fonctionnement de leurs achats et de leurs dépenses, de leur commerce et de leur industrie; ils sont les hommes pratiques de la science de l'économie politique. Celle-ci ne saurait se proposer, sans tomber dans le domaine de l'utopie, leur bonheur, leur richesse, la propriété des États. Le bonheur des hommes dépend de leurs caractères, leurs richesses de la nature de leurs besoins; la prospérité des États de la valeur de leurs chefs. L'économie politique ne peut pas plus transformer ces caractères et ces besoins que créer des ministres de génie, des organisateurs de talent, des patrons actifs et intelligents, des ouvriers soumis et sobres. — Vouloir y arriver par quelque formule que ce soit c'est demander que les hommes ne soient pas des hommes, anéantir les instincts, commander les désirs, imposer les devoirs, c'est substituer en un mot au monde tel qu'il est un monde idéal qui n'existe qu'en rêve.

L'art de l'économie politique. — Nos premiers grands économistes considéraient l'économie politique comme un art. « La maison est première que la cité, la « ville que la province, la province que le royaume. « Ainsi l'art politic dépend médiatement de l'occonomic », disait Montchrétien en s'adressant au roi et à la reine de France. « La bonne administration politique est une « santé universelle de tout le corps de l'État, et par « conséquent une entière disposition de chaque membre « particulier. Car il n'importe pas moins d'avoir soin « des plus viles parties que des plus nobles, des cachées « que des découvertes; puisqu'il est ainsi que de celles « qui sont destinées à servir les autres, sortent les « labeurs nécessaires à son entretien et conservation. « Voyons la nature, que le grand politique doit seule« ment et principalement imiter, distribuer à tous les « membres de notre corps par proportion et mesure, « l'aliment qui leur fait besoin, et que si quelqu'un ne

« reçoit l'égal de la nécessité, les esprits cessent peu à « peu d'y venir, il s'atrophie et amenuise, et de lui com- « mence la dissolution de tout notre assemblage. Cette « sérieuse considération doit induire Vos Majestés à « soigner la partie populaire de votre État. »

Sully, Richelieu, Colbert envisageaient de la même manière l'art de fonder la grandeur et la prospérité du pays. « La nature nous donne l'être », dit encore Montchrétien; « le bien-être, nous le tenons en partie de la « discipline, en partie de l'art[1]. » Or, l'art ne s'enseigne pas, il est un privilége du génie, dans l'art de l'économie politique comme dans tous les autres. La science ne peut lui servir que de fondement, elle ne saurait y suppléer.

Difficultés de la question. — Les phénomènes économiques dérivent de nos besoins, se rattachent à notre constitution physique, intellectuelle, morale, à nos mœurs, nos habitudes, nos traditions.

L'économie politique ne saurait non plus analyser toutes les formes des actions humaines alors que la physiologie, la philosophie, la morale, l'histoire les étudient chacune sous un point de vue spécial; ce serait y voir, avec les Allemands, une science à la fois exacte-réaliste-historique-éthique, en faire une sorte d'encyclopédie, et s'égarer d'autant plus sûrement qu'on en méconnaîtrait du même coup et l'objet et le but.

Nous avons défini l'économie politique, la science des rapports qui s'établissent entre les hommes en vue de la satisfaction de leurs besoins; ces besoins, ces rapports

[1] *Traicté d'oeconomie politique*, 1615, p. 10, 19, 89.

peuvent prendre tantôt un caractère moral, intellectuel, tantôt paraître purement physiques, d'autres fois sembler le résultat des habitudes et des traditions; ils portent le plus souvent tous ces caractères à la fois; il appartient à l'économiste d'en tenir compte. Mais de là à en faire les principes mêmes de la science, sous quelque forme que ce soit, c'est sortir du domaine si précis qui lui est propre, empiéter sur des sciences qui en sont distinctes, se perdre dans l'incertain, l'inconnu.

Le principe de la science économique. — La source de tous les phénomènes économiques est la satisfaction que recherchent les hommes de leurs besoins, c'est par suite aussi le grand principe de la science de l'économie politique. Peu nous importe que ces besoins soient moraux ou immoraux, physiques ou intellectuels, qu'ils prennent leur origine dans les habitudes ou les coutumes. Au moment où le besoin subsiste, il entraîne l'homme à des actes; qu'ils soient louables ou répréhensibles, nuisibles ou utiles, l'économiste ne peut que constater le fait, en poursuivre les effets; là s'arrête sa science, au delà commence la physiologie, la morale, le travail du législateur, les études de l'historien. Ceux-ci recherchent les causes physiques ou morales qui déterminent la nature de nos besoins, s'efforcent de les diriger pour le mieux ou de les expliquer. L'économiste ne saurait les suivre. C'est déjà beaucoup s'il parvient à éclaircir les phénomènes qui dérivent de la simple satisfaction de nos besoins, et des rapports qui s'établissent entre les hommes en vue de cette satisfaction.

CHAPITRE III

DE LA VALEUR.

Définitions. — On a cru découvrir la valeur des choses dans leur utilité, leur rareté, le travail nécessaire à leur production.

Les objets qui n'ont pour nous aucune valeur ne nous paraissent ni rares ni utiles; pour que nous disions d'un objet qu'il est l'un ou l'autre, il faut que, par lui-même, nous lui attribuions déjà une valeur quelconque; quant à la production de la valeur par le travail, il suffit de se demander si nous produisons les choses parce que nous leur attribuons une valeur ou si nous leur attribuons une valeur parce que nous les avons produites.

De ces difficultés, il est résulté une dernière définition de la valeur d'après laquelle celle-ci consisterait dans le rapport de deux produits échangés; comme si l'échange de produits qui, par eux-mêmes, ne possèdent point chacun sa valeur propre, pouvait donner naissance à une valeur quelconque; zéro plus zéro égale zéro.

La cause de tous les phénomènes économiques sont les besoins que nous éprouvons; eux seuls décident de la valeur des choses, la définissent, la déterminent. En raison des besoins que nous éprouvons nous attribuons une valeur aux choses.

De la valeur personnelle. — Cette valeur cependant est toute personnelle. Deux hommes dans une même circonstance, un même homme dans deux circonstances différentes n'accorderont jamais la même valeur à un objet donné. Les uns le souhaiteront ardemment et le trouveront digne de tous les sacrifices; les autres n'en feront aucun cas et ne se donneront pas la moindre peine pour l'acquérir; nous l'envierons aujourd'hui, nous le dédaignerons demain.

La lumière, l'air, l'eau, auxquels nous n'attribuons aucune valeur dans la vie de chaque jour, en prennent une énorme lorsque nous nous en trouvons privés; le plus précieux diamant ne vaut pas plus pour nous dans un pays inhabité que le plus vil caillou; un portrait, un souvenir, dont personne ne voudrait, sont pour nous d'un prix inestimable; il nous arrive enfin de préférer le futile au nécessaire, le nuisible à l'utile. La valeur des choses tient uniquement à nos besoins qui varient avec les caractères, les mœurs, les modes, les coutumes, avec chaque événement, chaque circonstance qui peut exercer une influence sur nous.

La différence d'appréciation des valeurs chez les peuples fait la différence de leur vie économique, de même que l'inégalité de leurs qualités physiques, intellectuelles, morales, fait l'inégalité de la part qu'ils prennent aux progrès de la civilisation.

De la valeur commune. — La valeur personnelle ne constituerait cependant pas un phénomène économique sans une valeur commune attribuée aux objets. Les hommes, malgré leur diversité, sont formés au fond de la même manière, obéissent aux mêmes instincts, aux mêmes appétits; ils rapportent par suite à certaines choses une valeur à peu près identique : c'est cette valeur que nous appelons commune.

Ce double caractère individuel et social qui se dévoile déjà dans le phénomène le plus primitif, le plus élémentaire de la science économique, la jurisprudence mieux que l'économie politique l'a compris : dans l'évaluation des indemnités revenant aux particuliers, elle recherche toujours si les choses endommagées ou soustraites avaient pour leurs propriétaires une valeur personnelle ou simplement commune, sachant bien que des objets tels qu'un portrait ou un souvenir de famille peuvent avoir beaucoup de valeur personnelle, tandis que d'autres, une somme d'argent, un bien mobilier, peuvent n'avoir que peu de valeur personnelle, tout en ayant une grande valeur commune.

Le troc. — Les rapports de la valeur personnelle et de la valeur commune ont une telle importance que seuls ils permettent d'expliquer l'origine des transactions humaines. Pour que deux hommes échangent les objets qu'ils possèdent, il ne suffit pas qu'ils trouvent un grand avantage à se procurer celui qu'ils n'ont pas, et lui accordent une très-haute valeur personnelle; il faut encore qu'ils attribuent à ces deux objets une certaine valeur commune, sinon ils se contenteraient de se les prendre l'un à l'autre. Mais dès l'instant où, faisant plus de cas de l'objet qu'ils n'ont pas que de l'objet qu'ils possèdent, ils leur reconnaissent à tous deux une valeur commune, l'échange devient possible, le troc s'accomplit.

Découverte d'un instrument d'échange. — Les transactions se seraient arrêtées à des échanges rudimentaires, au troc d'objets d'une valeur commune à peu près égale, sans la découverte d'une troisième valeur telle qu'elle pût servir de terme de comparaison à toutes les autres, et permit leur échange malgré leur diversité. Découverte des plus simples : les hommes étant parvenus à s'entendre sur l'existence de valeurs communes, ils finirent forcément par trouver une valeur telle qu'elle fut recherchée par tous indistinctement; grains de blé, morceaux de verroterie, pois coloriés, rondelles de cuir, plumes d'autruche, pièces de métal.

Mesure des valeurs. — Ce n'est pas dans l'origine, c'est dans la suite qu'on s'est trompé sur la mesure de la valeur des choses, alors que l'on prétendait en créer la science. Observant d'une part l'instabilité de la valeur propre à l'instrument d'échange, d'une autre son importance dans la vie économique, on rechercha une valeur plus générale et plus certaine, la valeur en quelque sorte de la valeur elle-même. C'était vouloir découvrir la quadrature du cercle. Au delà de la valeur que les hommes, suivant les époques et leur développement, attribuent aux choses, il ne saurait y avoir d'autre valeur ni personnelle, ni commune, ni d'échange. L'homme est le maître absolu de la fixation de la valeur des choses; chercher une mesure plus générale de ces valeurs, c'est prétendre découvrir celle de l'homme lui-même, celle de ses désirs, de ses passions, qui ne sont pas plus susceptibles d'être ramenés à une unité que le cercle d'être réduit en carré.

Valeurs d'usage et d'échange. — Une seconde illusion, provenant du rôle de l'instrument d'échange, fut la distinction que les physiocrates firent entre les valeurs usuelles et vénales auxquelles Ad. Smith substitua les valeurs d'usage et les valeurs d'échange. Différences de mots; il n'y a point de valeurs exclusivement réservées à nos usages ou à nos échanges. Je puis rechercher l'instrument d'échange pour en faire un usage personnel, comme je puis me dessaisir de l'instrument d'échange pour me procurer des objets dont j'entends me servir. Toute valeur d'usage peut devenir une valeur d'échange ; toute valeur d'échange se transforme en valeur d'usage.

Valeurs subjective et objective. — Les économistes allemands, pensant pénétrer plus au fond de la question, revêtirent de formes philosophiques ces mêmes idées et distinguèrent les valeurs en subjectives et objectives.

Toute valeur est à la fois subjective en tant qu'elle est le résultat de l'évaluation de quelqu'un, et objective en tant qu'elle porte sur un objet quelconque, mais n'est jamais séparément objective ou subjective. Et si l'on concède l'expression d'objective, non pas à la valeur attribuée à chaque objet, mais au seul rapport de valeurs que les objets renferment entre eux, la distinction n'en reste pas moins illusoire. Un hectolitre de blé en présence d'un quintal de fer est un hectolitre de blé en présence d'un quintal de fer; pour qu'un rapport de valeur s'établisse entre eux, il faut que ce rapport soit subjectivement déterminé, c'est-à-dire que la valeur de l'un aussi bien que celle de l'autre soient déterminées d'après les besoins qu'éprouvent leurs détenteurs à les échanger.

La valeur relative. — Tout au plus pourrait-on distinguer la valeur relative des choses. J'estime très-haut la valeur d'un objet d'art, par exemple, mais loin de l'acquérir, je me contente de rechercher des objets qui me semblent plus nécessaires ou plus utiles, tout en ayant moins de valeur à mes yeux. Je les estime à la fois suivant la valeur personnelle que je leur donne et la valeur commune que leur accordent les autres. Dans le moment où j'aurais besoin d'un verre d'eau pour étancher ma soif, aucune œuvre d'art n'en pourrait remplacer la valeur ; dans une autre circonstance, comme certain Alsacien, je donnerais une ferme pour un tableau. C'est là la valeur relative des choses ; elle change, se modifie, se transforme à la fois suivant la valeur personnelle et la valeur commune que nous leur attribuons, suivant l'état économique des peuples, les caractères de leur travail, la nature de leurs besoins.

Rapport de la valeur et du produit. — Enfin, un grand nombre d'économistes ne distinguent pas la valeur d'avec le produit, parce que les choses qui ne coûtent aucune peine à produire, telles que l'eau, l'air, la lumière, n'ont aussi aucune valeur. C'est confondre l'effet avec la cause. Les erreurs de toutes les écoles socialistes sont sorties de cette confusion. Autre chose est le produit, autre chose sont nos besoins, seuls ils nous obligent au travail, seuls aussi ils fixent la valeur des résultats obtenus. A qui n'est-il pas arrivé de travailler sans relâche, de n'épargner ni argent ni peine, et de n'aboutir finalement qu'à des déceptions, des déboires? L'homme ne peut se contenter de pourvoir à ses besoins présents, il doit se préoccuper de ses besoins à venir; si donc les événements ne répondent pas à son attente, s'il s'est trompé dans ses prévisions, non-seulement il ne recueillera pas le fruit de son travail, mais l'objet qu'il produira sera dénué de toute valeur.

Un produit n'a jamais de valeur par lui-même en tant que produit; il n'en acquiert une qu'au moment où il se trouve en rapport avec les besoins qu'il est susceptible de satisfaire.

CHAPITRE IV

DE LA CONSOMMATION ET DE LA PRODUCTION.

Solidarité de la consommation et de la production. — On distingue en général la production de la consommation, et l'on commence à traiter du premier de ces deux phénomènes sous prétexte qu'une chose pour être consommée doit préalablement avoir été produite : manière de raisonner dont le moindre tort est de nous empêcher de saisir la portée entière de la question.

Le physiologiste, lorsqu'il examine les phénomènes de la respiration, ne sépare point l'inspiration de l'expiration, encore qu'il faille que le vide se fasse d'abord dans les poumons pour qu'ils puissent après cela s'emplir; mais ce vide momentané ne constitue qu'une des phases de la respiration et doit être accompagné, corollaire indispensable, de l'arrivée immédiate d'une quantité d'air nouvelle. L'inspiration et l'expiration s'unissent, se touchent, se confondent; elles ne peuvent en aucun cas aller l'une sans l'autre: et, au moment même où le sang s'oxyde dans les poumons par l'inspiration, il se désoxyde dans les membres. Il en est de même de la consommation et de la production. Comme la respiration est la condition essentielle de la vie, la solidarité de la consommation et de la production est la condition de l'existence de la société humaine.

Rien ne se perd, mais aussi rien ne se crée, rien ne nait de rien, tout ne fait que changer, se transformer; pour produire ce qu'il y a de plus grossier au monde, nous devons user des matériaux, des forces, et par cela seul que nous les consommons, nous les transformons, nous produisons.

Peu importe que le mobile de la production soit ou non légitime, que nous changions les valeurs existantes en valeurs plus grandes ou en valeurs moindres, que nous modifiions à notre profit ou à notre perte les formes des choses, le fait indéniable est que nous ne produisons jamais sans consommer, ni que nous ne consommons sans produire.

Producteurs et consommateurs. — Nous n'avons pas à étudier ici ces êtres abstraits que l'on nomme le producteur et le consommateur; ces êtres abstraits n'existent pas. Nous avons à étudier uniquement les manières dont l'homme consomme et produit, dont il produit et consomme.

Assurément il y en a qui produisent plus que d'autres qui, consommant davantage, consomment plus qu'ils ne produisent. Cela tient au phénomène de la production des richesses et des misères, et n'infirme en rien la solidarité qui existe entre la production et la consommation. Le désœuvré le plus dissipateur contribue à la production en raison même de ses dissipations, le mendiant le plus misérable y contribue par les aumônes qu'il dépense. La solidarité de la consommation et de la production est un principe absolu. C'est d'elle que dérive la fatalité de la solidarité sociale en matière économique. Si les hommes ne se développent intellectuellement que par l'échange de leur parole et de leur pensée, ils ne se multiplient et ne prospèrent que par la solidarité de leur consommation et de leur production. Chacun consomme et produit non-seulement pour soi, mais encore pour autrui; ainsi la famille se fonde, les nations se forment. Et la famille ne se maintient, les nations ne progressent qu'à mesure que la solidarité entre la consommation et la production de tous se maintient et progresse. Dès que le père cesse de produire pour le jeune enfant ou l'enfant pour le père vieilli, la famille se rompt; de même les nations se désorganisent dès que leurs différentes classes cessent de consommer, et de produire les unes pour les autres.

Diverses formes de la consommation. — La solidarité qui existe entre la consommation et la production s'étend à toutes leurs formes et manifestations.

Certains économistes ont divisé les choses en deux catégories suivant qu'elles étaient ou non destinées à une consommation immédiate. Cette distinction a de l'importance en matière d'économie internationale; elle n'en a aucune au point de vue des éléments de la science. Le blé récolté pour l'alimentation ne diffère en rien du blé qu'on transforme en alcool pour servir de mordant à la teinture.

Il est d'autres formes de consommation qu'il importe de mettre en lumière; la première, la plus simple, la plus nécessaire, est la consommation que nous faisons des dons que la nature nous offre spontanément, qu'il suffit de recueillir sans nous donner aucune peine, et que nous finissons par ne plus apprécier à leur juste valeur, quoiqu'ils soient des éléments essentiels à notre existence.

La seconde forme de la consommation a trait aux produits que nous obtenons grâce à nos efforts, à notre travail. Leur consommation est subordonnée à une foule de conditions extérieures parmi lesquelles figurent précisément en première ligne les dons gratuits de la nature, la qualité productrice des terres que nous exploitons, des climats que nous habitons.

L'avenir économique des peuples dépend en grande partie de l'espèce de consommation qui leur est imposée par le territoire qu'ils occupent. Les steppes de la Russie, les pampas de l'Amérique donnent lieu à des exploitations économiques qui ne ressemblent guère à celles des centres européens, des pays montagneux ou des oasis du désert africain.

La dernière espèce de consommation se rapporte aux instruments de travail, aux moyens intermédiaires de productions nouvelles; nous ne les consommons pas moins par l'usure, et c'est de leur consommation que dépend à son tour l'exploitation des richesses naturelles.

Formes de la production. — Par cela même qu'on énumère les diverses formes de la consommation des choses, on indique aussi les différents modes de production. Nous usons les instruments de travail, sans cesse nous sommes obligés de les remplacer ; nous consommons les produits naturels et nous sommes forcés de les multiplier sans interruption ; nous consommons encore les forces de la nature, l'eau, l'air, la lumière, et, suivant nos besoins et nos moyens, nous en produisons d'artificiels.

D'autres divisions des formes de la production sont plus spécieuses que pratiques. On a séparé les produits physiques des produits intellectuels, isolé les qualités de l'esprit de celles du corps; c'était créer de toutes pièces un monde imaginaire. Chacun de nos besoins renferme un élément intellectuel par cela seul qu'il est un besoin humain, et sa satisfaction suppose chez l'homme la présence simultanée de toutes ces capacités. Il n'y a pas plus de production purement matérielle ou purement intellectuelle qu'il n'y a des hommes sans organes ou des hommes sans pensée.

Ce fut une distinction de même espèce que firent les physiocrates lorsqu'ils prétendirent que la seule production véritable était la production agricole. Leurs successeurs, les économistes, démontrèrent facilement que l'industrie et le commerce contribuaient à la production au même titre que l'agriculture. Si les hommes ne veulent pas se contenter de gratter la terre de leurs mains pour vivre de ses produits, il faut qu'ils étendent leurs moyens de production dans tous les sens de leurs besoins. Or, sous ce rapport, il est impossible de distinguer, au point de vue général de la production, l'agriculture du commerce et de l'industrie, ni ceux-ci l'un de l'autre. La solidarité qui existe entre la consommation et la production s'étend jusqu'à chacune de leurs formes. Il y a des industries agricoles; il y a des commerces de denrées alimentaires. L'agriculteur, l'industriel, le commerçant dans leur consommation et leur production dépendent les uns des autres. Le moindre instrument de travail est un produit industriel, le moindre échange un acte commercial; leurs différences proviennent non pas de la nature de la production, mais de la nature du travail qui les engendre.

CHAPITRE V

DE LA PROPRIÉTÉ.

Origine de la propriété. — La première et la plus importante des conséquences qui dérivent de la solidarité qui règne entre la production et la consommation n'est pas, toutefois, le travail, c'est la propriété. Nous entendons parler de la propriété au point de vue économique.

Les premiers hommes n'ayant eu à leur disposition, pour se nourrir et pourvoir à leurs besoins, que les ressources du sol, les produits de la terre, la chasse, la pêche, et n'ayant pas encore su trouver dans les inventions et les découvertes les moyens de multiplier ou de transformer les dons naturels, ces seuls éléments de leur subsistance leur furent aussi indispensables que l'eau qu'ils buvaient, l'air qu'ils respiraient. Les haines et les vengeances implacables que nous rencontrons encore aujourd'hui chez les peuplades sauvages n'ont d'autre source que leurs luttes pour la jouissance des territoires qu'ils occupent.

Plus tard, lorsque les hommes eurent acquis quelques notions de culture, il leur fallut pour leur nourriture et l'entretien de leur famille défricher les bois, recueillir les graines alimentaires, labourer, ensemencer, cultiver leurs plantations, les garantir contre toute dévastation, les défendre contre l'invasion de leurs semblables.

Ils eurent à soutenir contre la nature entière une lutte terrible ; dénués de tout, obligés de tout créer, n'ayant d'autres auxiliaires que leurs muscles et leur intelligence, ils durent passer par les plus rudes épreuves. Combien ne leur fallut-il pas de temps pour arriver à façonner l'outil le plus grossier, l'instrument le plus imparfait ! combien de fatigues et de labeurs pour recueillir la plus petite gerbe de blé, fabriquer le plus mauvais morceau de pain !

La parcelle de terre sur laquelle un homme avait peiné pendant des années pour la clôturer, pour en arracher les ronces, pour y construire une hutte, pour la rendre propre à la culture, cette parcelle de terre à laquelle il avait sacrifié tout son temps et consacré toutes ses forces était devenue sa chose, elle lui appartenait, il s'en regardait comme le maître ; ainsi naquit la propriété. Elle consiste dans la possession des moyens propres à nous faire parvenir à la satisfaction de nos besoins, moyens acquis par nos efforts sur la nature brute.

La propriété individuelle. — La jouissance du sol n'étant pas illimitée comme celle de l'air ou de l'eau des rivières, mais restreinte à l'étendue du territoire occupé, bornée par conséquent, prit forcément un caractère exclusif en raison des efforts qu'exigeait son exploitation et du rendement limité de ses produits. La population s'accroissant, des contestations s'élevèrent de tous côtés parmi les hommes ; car les derniers venus, ne pouvant plus prendre place à leur guise sur un point quelconque, n'hésitèrent point à envahir les cultures de leurs voisins, à leur enlever leurs bestiaux, à accaparer leurs biens, à dérober leurs instruments de travail; de là des troubles, des discussions constantes : point de sécurité publique et partant point de développement social. La paix ne put s'établir d'une manière définitive que du jour où, chacun respectant la propriété d'autrui, des devoirs surgirent auxquels tous finirent par se conformer; ces devoirs devinrent usage, coutume, et se transformèrent en droits. Ce fut l'origine de la propriété individuelle.

La propriété collective. — Le respect de la propriété individuelle ne s'est solidement constitué qu'avec l'établissement de relations pacifiques entre les hommes; de même s'est formée une sorte de propriété collective. Par suite de la réunion d'un groupe d'hommes forcés de partager le même sort et de vivre d'une vie commune, les membres de la famille sauvage ont formé des tribus de chasseurs ou de pasteurs. En continuant à faire usage des mêmes territoires de chasse ou de pâturage, ces tribus persistaient simplement à jouir de la terre, comme de l'eau et de l'air, en toute liberté; la propriété collective ne se trouva constituée que lorsque les tribus voisines finirent, après bien des contestations sanglantes, par se reconnaître mutuellement la jouissance pacifique de leurs chasses ou de leurs pâturages.

Absolument de la même manière se forma une propriété agricole collective. Dans l'origine elle fut individuelle; aucune collectivité n'aurait pu donner naissance aux inventions et progrès qu'exigeait la culture lente et progressive du sol. Des tribus d'agriculteurs, poussées par des hordes guerrières, se réfugièrent dans des contrées désertes, répartirent les nouvelles terres entre les chefs de famille, et chassées encore ou reprenant leur migration, occupèrent successivement des territoires divers pour les partager de même. De cette façon ce ne fut pas la propriété collective, mais le partage périodique des terres occupées qui devint usage, coutume, droit.

Le « mir » russe n'est pas, comme on pourrait le croire, une espèce de communisme, c'est la propriété collective des membres de la commune russe d'une étendue de terre déterminée.

La propriété chez les peuples civilisés. — La propriété collective fut une conséquence de l'entente survenue entre les membres d'un même état social pour exploiter en paix ou tirer le meilleur parti possible du sol occupé. Elle fut encore une nécessité à son origine, et dans sa forme dépendait du développement économique atteint. Elle suppose déjà le respect de la propriété individuelle, du moins en ce qui concerne les instruments de travail, les armes d'attaque et de défense, la tente ou la hutte. Une amélioration s'ensuivit dans l'organisation sociale; mais celle-ci ne devint réellement prospère que du moment où, au sein de la propriété collective, la propriété individuelle put s'affirmer et prendre une forme de plus en plus étendue et stable.

Tant que les chasseurs les plus adroits dans la poursuite du gibier, les pasteurs les plus intelligents dans la conduite des troupeaux, les agriculteurs les plus capables dans la culture des terres virent les produits de leurs efforts personnels se perdre dans la consommation générale, il n'y eut pas, il ne put pas y avoir de progrès. Dans la tribu de chasseurs, de pasteurs ou d'agriculteurs, chacun, jouissant de la propriété commune, devint et resta chasseur, pasteur, agriculteur; aucune spécialisation dans la propriété ne put se produire, aucune organisation meilleure surgir; l'initiative individuelle se perdit, et la diversité des aptitudes resta impuissante. De nouveaux progrès ne jaillirent que lorsque la propriété individuelle se transforma suivant les aptitudes, les talents, les efforts et les besoins d'un chacun, s'étendit au sol, aux herbages et jusqu'à la forêt même. A cette condition la civilisation commença, et tous les peuples qui s'y sont élevés ont donné ce caractère à la propriété, quoique pendant des années, des siècles et parfois jusqu'au déclin de leur civilisation même, ils aient conservé et conservent encore des traces de la propriété collective des époques barbares : les forêts communales, le domaine public.

L'héritage. — En même temps que les formes de la propriété, se régularisèrent celles de sa transmission.

Dès les premiers temps, la transmission de la propriété du père aux enfants fut une nécessité économique tout comme la propriété elle-même, une conséquence inévitable de la solidarité qui existe entre la consommation et la production.

Une génération ne progresse sur la génération qui la précède que si elle continue à développer les connaissances qu'elle en a reçues, à perfectionner les instruments de travail dont elle a appris l'usage et à rendre de plus en plus facile la satisfaction de ses besoins. Si les enfants n'avaient pas hérité des armes et du territoire du père, chasseur; des bestiaux et des herbages du père, pasteur; des champs et des instruments de labour du père, agriculteur; et s'ils ne s'étaient pas entendus sur leur mode d'emploi et sur leur partage, jamais la civilisation ne serait sortie de l'état primitif, état de privation et de dénûment absolu.

De plus, les habitudes de travail d'une génération, les satisfactions qui lui sont devenues coutumières, son caractère, son intelligence, qui se sont modelés sur l'empreinte du moule dans lequel elle a été jetée, ont formé, non pas sa seconde nature, mais sa nature elle-même, et l'usage des biens matériels dont ces habitudes, ces satisfactions, ces coutumes dépendaient, est devenu une condition de son existence. Sans la transmission régulière de la propriété d'une génération à l'autre non-seulement le progrès, mais l'existence même de chaque génération se trouverait compromise.

L'héritage, tout comme la propriété, est une nécessité économique, et s'il est vrai que l'état social des peuples dépend de l'établissement de la propriété, leur histoire ne résulte que de sa transmission. Cette transmission subit d'ailleurs toutes les formes et tous les changements possibles, comme la propriété; comme la propriété elle se fixa, devint respect, coutume, droit, et, comme elle encore, se fortifia avec le temps en donnant naissance à la civilisation et à ses progrès.

Certains esprits s'imaginent qu'en rendant la transmission de la propriété de plus en plus difficile et onéreuse au profit de la communauté ou de l'État, on éteindrait bien des misères, on adoucirait bien des souffrances. Ils oublient qu'il existe une transmission des misères tout aussi régulière que celle des biens. A ceux qui n'ont pas appris à conserver la fortune de leur père ou à augmenter celle, si petite qu'elle soit, qui leur a été transmise, il ne servirait de rien de participer sous une forme quelconque à l'héritage des autres; ils ne sauraient pas mieux le conserver ou l'accroître; ils en mésuseraient et le dissiperaient de même.

Formes diverses de la propriété. — Les peuples qui s'élevèrent le plus haut dans la civilisation donnèrent aussi les formes les plus variées à la propriété et à sa transmission. Ils y arrivèrent par un développement de plus en plus considérable de leur solidarité commune, un respect de plus en plus profond de l'initiative et des besoins individuels : propriété allodiale et féodale, privée et publique, mobilière et immobilière, propriété industrielle et commerciale, propriété mitoyenne, propriété d'usage, usufruit, rente, les formes et les nuances sont infinies comme les formes et les nuances de la vie des peuples.

Une des plus importantes, celle qui a mis le plus de temps à atteindre son expression dernière, c'est la propriété intellectuelle. Non-seulement les États civilisés ont par des législations spéciales garanti chez eux la possession de marques de fabrique, brevets, inventions, ainsi que la propriété littéraire et artistique, mais avec le progrès des relations internationales, ils ont conclu des traités qui veillent au respect de la propriété intellectuelle de leurs sujets respectifs, qui en déterminent l'étendue, en fixent la durée.

En fait, l'expression de propriété intellectuelle que nous employons ici semble un pléonasme; tout homme est forcément propriétaire de son intelligence, puisque l'intelligence de l'homme, c'est l'homme lui-même. Les actes qu'elle nous fait accomplir, les conseils qu'elle nous donne, les décisions qu'elle nous impose nous sont absolument personnels, ils nous appartiennent en *propre* et constituent, à vrai dire, la propriété par excellence. La propriété intellectuelle n'a cependant été légalement reconnue que bien après toutes les autres.

Cela tient à ce qu'on n'est parvenu que tardivement à se rendre compte de l'importance de l'initiative individuelle dans le progrès social. Dans l'origine, alors qu'un peuple se forme, qu'il crée son langage, développe son intelligence, cette intelligence semble un bien naturel à chacun, et c'est à la possession des objets matériels qu'on attache le plus de prix. De cette possession naquirent les diverses formes de la propriété individuelle et de la propriété collective, tandis que l'entente commune, le langage, le développement intellectuel restèrent la propriété de tout le monde, la propriété nationale ou sociale. Ce n'est que longtemps après, lorsque la nation, parvenue à la conscience de l'immense valeur de l'entente et de la solidarité de tous ses membres, apprit à apprécier les mérites de ceux qui par leur initiative intellectuelle en augmentaient les forces ou en accroissaient les richesses, que la reconnaissance légale de la propriété intellectuelle devint possible.

Propriété sociale. — Quant à la propriété que nous venons d'appeler nationale ou sociale, elle prit à la suite du même progrès des formes de plus en plus nettes et déterminées.

Elle consiste dans les droits que la société ou l'État exerce sur les propriétés individuelles et collectives; en réalité, elle représente, dans toute prise de possession, l'élément social que nous avons déjà rencontré sous la forme de la valeur commune dans l'analyse des valeurs, sous celle de la production pour autrui dans la solidarité de la consommation et de la production, et que nous retrouverons dans tous les phénomènes économiques.

Lorsque la prise de possession ne renferme pas cet élément social, elle n'est pas un acte économique. Robinson dans son île ne faisait pas de l'économie politique.

A mesure que l'entente entre les hommes se fortifie et qu'ils progressent en civilisation, ils comprennent mieux les formes multiples de la propriété, les devoirs qu'elle impose, les droits qu'elle entraine.

Limite de jouissance de la propriété. — Le droit d'user et d'abuser par lequel les Romains définissaient la propriété fut un droit barbare, comme celui de tuer les enfants.

Par le fait seul que les propriétés individuelle et collective sont respectées, défendues dans l'état social, celui-ci devient solidaire de la forme et des modes de leur gestion. Le respect de la propriété poussé jusqu'à en permettre un emploi nuisible à autrui est la négation même de cette propriété; qu'elle soit attachée à une personne ou à plusieurs, la propriété ne subsiste que par la protection d'autrui.

Il ne faut pas sous ce rapport confondre, comme on le fait communément, la propriété collective avec la propriété sociale. La jouissance de la propriété collective, si considérable que soit le nombre des participants, reste personnelle : tous les membres de la tribu de pasteurs profitent individuellement des pâturages; de la jouissance, au contraire, de la proprieté sociale dépend l'existence de l'état social. Abraham et Loth allant avec leurs familles et leurs troupeaux l'un au sud, l'autre au nord, rompirent leurs relations sociales; ils auraient pu les conserver tout en partageant les pâturages. Cet antique exemple à lui seul montre qu'à mesure que dans l'état social les formes de la propriété se multiplient et se diversifient, les cadres de sa jouissance se resserrent également.

Au droit barbare des Romains succède celui d'expropriation pour cause d'utilité publique, de mise en tutelle des dissipateurs, le droit de servitude militaire, celui de la salubrité publique, etc., etc.

De la prétendue communauté primitive. — Quelques auteurs, pour expliquer les rapports qui existent entre les différentes formes de la propriété, ont imaginé une sorte de communauté primitive et invoqué le droit qu'aurait possédé chacun à l'origine sur les biens de la nature. Pour qu'il y eût des droits, il fallut qu'il y eût des hommes qui les reconnussent et les respectassent; tant qu'il n'y eut que des hommes ou des familles isolées sur les terres et dans les forêts incultes, il n'y eut point de communauté. Le droit de propriété n'a surgi qu'après que le premier homme eut fait acte de propriété, et une communauté quelconque ne s'est établie que lorsque les hommes furent parvenus à s'entendre suffisamment entre eux pour faire de cette propriété un droit. C'est une étrange façon d'expliquer les progrès de l'humanité que d'en prendre les résultats pour en expliquer les causes.

Communisme, collectivité, nationalisation de la propriété. — D'autres, pour mettre fin à toutes les contestations, imaginèrent une communauté future sous les formes du communisme, de la collectivité ou de la nationalisation de la propriété.

Plus la propriété individuelle est assurée et se transmet régulièrement, et mieux l'exercice de ses droits se coordonne avec celui des autres formes de la propriété, plus la solidarité générale est grande et l'état social prospère.

Moins, au contraire, la propriété individuelle est assurée, moins elle se transmet régulièrement, et moins elle est, dans l'exercice de ses droits, coordonnée avec celui des autres formes de la propriété, moins l'état social est stable et son avenir assuré. Les revendications sociales surgissent, les mœurs et les coutumes sur lesquelles tous les droits sont fondés se corrompent ou disparaissent, et avec elles l'état social.

Une propriété collective sans respect de la propriété individuelle est inimaginable ; une propriété sociale sans le respect de l'une et de l'autre est un non-sens.

La propriété par elle-même, son origine, son essence, est individuelle ; le mot l'indique : ce qui est propre à quelqu'un; les formes collectives et sociales en proviennent et en dépendent.

Une suite de Césars disposant de tout ne constitue pas plus un état social qu'un troupeau de fellahs qui ne disposent de rien.

De la nécessité de coordonner nos efforts et nos besoins, de la solidarité de notre production et de notre consommation dérive la propriété individuelle. Les propriétés collectives et sociales proviennent, au contraire, de la coordination des efforts et des besoins, de la production et de la consommation des uns avec les efforts et les besoins, la production et la consommation des autres; en d'autres termes, de l'état social dans lequel on vit.

S'il n'existait point de propriété individuelle, il n'y aurait ni propriété collective ni propriété sociale.

CHAPITRE VI

DU TRAVAIL.

Définition. — Travailler, au sens économique du mot, c'est coordonner ses actes de manière à se procurer les moyens de satisfaire ses besoins.

L'amateur qui peint ou qui sculpte pour se distraire, celui qui fait des vers par désœuvrement n'accomplissent donc pas d'actes économiques; il en est autrement de l'artiste qui vend ses statues ou ses toiles, du poëte qui livre ses œuvres au public; l'enfant qui apprend ses leçons, l'apprenti qui s'exerce au métier, en tant qu'ils préparent l'un et l'autre leur carrière à venir, travaillent. Le viveur lui-même participe à l'éclosion du phénomène du travail en ce sens qu'il prépare et ordonne ses plaisirs et fait subsister la foule de ceux qui y concourent d'une manière plus ou moins directe.

De la division du travail. — Si l'on considère parfois Adam Smith comme le fondateur de la science économique, c'est que le premier, dans son célèbre ouvrage, *Recherches sur la nature et les causes de la richesse d'une nation,* il a fait comprendre, par l'importance qu'il attribua à la division du travail, l'origine du développement industriel et commercial des États.

Dix ouvriers qui se partagent la besogne suffisent, dit-il, à faire quarante-huit mille épingles par jour; si chacun d'eux étirait le laiton, dressait les fils, les repassait et les empointait, ils ne parviendraient à en fabriquer, tous réunis, que quelques centaines.

L'individu qui se spécialise finit par acquérir dans la partie qu'il adopte une adresse et une dextérité merveilleuses; il devient capable d'apporter aux instruments qu'il emploie toutes les améliorations et tous les perfectionnements susceptibles d'en rendre le maniement plus facile et de leur faire produire le maximum d'effet avec le minimum de peine; les pertes de temps occasionnées par les changements d'outils et les déplacements sont évitées, la tâche devient plus régulière et plus uniforme; l'ouvrier ne rencontre plus que des difficultés prévues, calculées, surmontées d'avance, que l'expérience lui a appris à vaincre.

Jamais la civilisation ne serait sortie des forêts vierges si chacun, devant pourvoir par lui-même à son entretien et à sa nourriture quotidienne, s'était trouvé dans la nécessité de créer, sans le secours de personne, les milliers de choses indispensables à la production la plus grossière. Les hommes auraient eu beau constituer la propriété et travailler sans relâche, leurs forces éparpillées se seraient dissipées sans profit. Par la division du travail, au contraire, on peut s'adonner à l'occupation pour laquelle on se sent le plus de goût et d'aptitude naturelle. Les uns tissent les vêtements, les autres fabriquent les armes, d'autres poursuivent le gibier, d'autres encore cultivent la terre, labourent, ensemencent, récoltent, d'autres enfin travaillent les produits du sol et les livrent à la consommation publique.

Insuffisance du principe. — Cette division du travail préconisée par Adam Smith, qui paraît si féconde dans ses conséquences, ne porte cependant pas les caractères d'un principe économique. L'histoire de l'industrie moderne démontre que la trop grande division du travail conduit à l'abrutissement physique et moral de l'homme, à la décrépitude, à la dégénérescence de sa race. Ce n'est qu'à coups de fouet qu'on peut forcer l'animal à tourner une meule; ce n'est qu'en faisant de l'homme une brute qu'on peut l'assujettir à un travail physique uniforme. Si c'est à la division du travail que nous devons la prospérité de l'industrie, c'est à elle aussi qu'il faut attribuer les grèves, les violences et les révoltes des classes ouvrières. Par elle-même la division du travail entraîne des conséquences contradictoires qui détruisent la prétention de certains économistes qui veulent lui donner la valeur d'un principe.

Union du travail. — Les facteurs qui concourent au travail et à ses progrès sont plus multiples et complexes.

Supposons que dix hommes se proposent de faire avancer un bloc de pierre; il est bien certain d'abord qu'ils ne pousseront pas l'un après l'autre, mais tous ensemble. Ensuite, ils n'exerceront pas leur action au hasard, à droite ou à gauche, devant ou derrière, selon que l'une ou l'autre position leur paraîtra plus commode, mais dans une même direction sur laquelle ils se seront entendus. Enfin le bloc ne bougera pas encore si les hommes dont nous parlons ne savent tendre leurs muscles au degré voulu et au moment opportun, si les uns sont lents, les autres prompts. Ce n'est pas la division, c'est l'union du travail qui en premier lieu rend compte de tous les progrès réalisés par l'industrie humaine.

Simplification du travail. — C'est en second lieu sa simplification. Qui que nous soyons, avant de rien entreprendre, nous sommes invariablement guidés par une même pensée : faciliter notre tâche et la ramener à sa forme la moins complexe. J'ai cinq lettres à écrire et à porter à la poste; si j'y portais chacune d'elles immédiatement après l'avoir écrite, j'accomplirais une besogne absurde. C'est par la simplification de leur travail que les ouvriers de la fabrique d'Adam Smith sont parvenus à fabriquer quarante-huit mille épingles par jour.

Ils ne seraient pas arrivés à en produire une seule sans un troisième facteur de la production : la coordination du travail.

Coordination du travail. — Les dix ouvriers qui ont fait avancer le bloc de pierre ont dû coordonner avec soin la direction, le degré et le moment de leurs efforts; de même les dresseurs, les coupeurs, les repasseurs, les empointeurs, etc., de la manufacture d'Adam Smith ne sont parvenus à fabriquer quarante-huit mille épingles dans leur journée qu'autant que les tiges de laiton qu'ils façonnaient se succédaient sans interruption entre leurs mains et passaient d'une manière continue de l'un à l'autre sans arrêt et sans retard. Si travailler consiste dans la coordination de nos actes de manière à produire les moyens de satisfaire nos besoins, le travail social ne consiste aussi que dans la coordination des actes des uns avec les actes des autres.

Accord du résultat avec son objet. — Enfin, si le bloc de pierre, malgré les efforts des ouvriers, n'arrive pas à pied d'œuvre, si les épingles défectueuses n'attachent pas les étoffes, le travail aura été vain, l'union, la simplification et la coordination des efforts stériles. Il faut que le résultat obtenu s'accorde avec son objet.

Si un luthier, après avoir acquis, en fabriquant ses violons lui-même, une véritable célébrité dans son art, pour suffire aux commandes s'adjoint des ouvriers qu'il charge de faire les tables d'harmonie, les dos et les éclisses, se réservant seulement la tâche d'assembler entre elles ces différentes parties, il gagne du temps, double ou triple sa production, mais ne fait plus que des instruments médiocres.

L'union, la simplification et la coordination de nos efforts, si féconds qu'en soient les résultats, ne forment que des éléments incomplets de production sans l'accord de ces efforts avec le but à atteindre, avec les besoins à satisfaire.

Lacunes du travail. — Ces gigantesques cathédrales que nous regardons aujourd'hui comme des merveilles, et dont la construction a parfois duré des siècles, ont exigé le concours de plusieurs générations d'ouvriers et d'architectes, travaillant sur les mêmes plans et d'après les mêmes données; si elles sont généralement inachevées, si aucune ne possède les tours du transept qu'avaient projetées les premiers architectes; si le style des colonnes ou des nefs est trop souvent différent de celui des voûtes ou des chœurs, c'est que les goûts des hommes s'étant modifiés avec le temps, tous ceux qui ont successivement, d'une génération à l'autre, pris part à l'œuvre n'ont pas persévéré dans les mêmes idées que leurs devanciers, n'ont pas suivi les mêmes chemins; de là ces lacunes, ces contradictions choquantes qui, loin de satisfaire nos besoins d'harmonie, nous impressionnent péniblement.

Il en est de même de tout travail : si élevé ou si infime qu'il soit, du moment qu'il ne répond pas à nos besoins, il engendre des privations, des souffrances, des misères qui lui correspondent exactement.

Nul ne sait quelle coordination des efforts et des besoins il a fallu durant des siècles pour donner naissance aux grandes civilisations; nul ne connait encore les souffrances et les misères à travers lesquelles il a fallu passer pour en jeter les fondements, et cependant, dès l'origine, le travail a été sujet aux mêmes conditions que nous découvrons dans l'œuvre la plus simple comme dans les entreprises les plus grandioses; nous voulons dire l'union et la simplification des efforts, et leur coordination entre eux et avec leur objet.

CHAPITRE VII

DES PRINCIPALES FORMES DU TRAVAIL.

Le travail industriel. — La forme la plus élémentaire du travail est le travail industriel. Son but est de transformer les objets naturels suivant nos besoins en se servant de nos forces propres et des forces de la nature. Le premier chasseur qui se construisit un arc, le premier pêcheur qui se fit une ligne furent les premiers industriels. Si dans la suite ce travail prit une extension étonnante, au point qu'il semble devoir étouffer tous les autres, c'est précisément parce qu'il est le plus simple. En vain chercherait-on dans nos machines les plus compliquées, nos moteurs les plus puissants, nos établissements industriels les plus vastes, autre chose que la transformation des objets naturels suivant nos besoins par l'application de nos forces et de celles de la nature.

Si les économistes du siècle dernier ont exagéré l'importance de l'agriculture, ceux du nôtre ne sont que trop portés à exagérer celle de l'industrie. Confondant les progrès de la science, les découvertes et les inventions d'hommes de génie avec le travail industriel, ils ont été entraînés à y voir le secret de l'avenir et de la prospérité du monde. Erreur dont les crises successives que nous traversons et le mécontentement des classes ouvrières démontrent tous les dangers. Autre chose est la science et ses progrès, autre chose le travail industriel et les siens.

Le travail agricole. — Le travail agricole a ses caractères propres; il est né plus tard et présente des difficultés plus considérables. Il consiste moins à transformer qu'à multiplier les objets particulièrement nécessaires à la subsistance de l'homme, et si l'agriculteur se sert pour y arriver de ses forces propres comme des forces naturelles, ce n'est pas de la même manière que l'industriel. La chaleur et la lumière, les changements de température et les saisons, les qualités du sol et du climat peuvent être tantôt nuisibles, tantôt utiles à son travail et à ses produits, et les résultats qu'il obtient, à l'encontre de l'industriel, tiennent plus de la nature que de lui-même. Que l'industriel cesse son travail, la houille restera de la houille, le minerai du minerai; que l'agriculteur arrête le sien, et la nature brute, la forêt vierge reprendront aussitôt leurs droits.

Les lenteurs du progrès du travail agricole, l'intensité et la profondeur de ses crises tiennent à ces caractères.

Le travail commercial. — Le travail commercial semble différer du tout au tout du travail industriel et du travail agricole.

Les physiocrates et nombre d'économistes n'y ont vu que l'échange d'une somme d'argent contre une marchandise cédée à un prix généralement plus élevé que celui qu'elle a coûté; ils en ont conclu que le travail commercial était sinon nuisible, du moins improductif.

D'autres économistes plus sages ont vu dans le travail du marchand un service par lequel, mettant à notre disposition les objets dont nous avons besoin, il nous épargne le temps et la peine d'aller les chercher à l'endroit de leur production. Cette explication, plutôt morale qu'économique, ne rendant pas suffisamment compte de la part directe prise par le marchand dans la production, n'a pas laissé de soulever de nombreuses objections. On en a surtout profité pour contester au marchand tout droit à un gain quelconque.

Un marchand qui vend en Europe une machine d'Amérique ou des épices des Indes ne fait œuvre ni d'industriel ni d'agriculteur; mais sa machine, supposons, par exemple, une machine à coudre, est acquise par une lingère qui, au lieu de trois chemises dans sa journée, en fait vingt; les épices sont achetées par une mère de famille et lui permettent de donner à ses enfants une nourriture qui stimule leur appétit, accroît leurs forces; ce marchand fait-il œuvre de production?

Évidemment; dans le premier cas il multiplie les produits de la lingère, dans le second il transforme les plats de la mère de famille, absolument comme l'industriel ou l'agriculteur.

Non-seulement, en mettant à notre disposition les objets dont nous avons besoin, il nous épargne la peine et le temps d'aller les chercher au loin et prend une part indirecte à notre production, il y prend encore une part directe par les facilités et avantages qu'il nous procure.

Il ne faut pas que dans l'étude d'un phénomène aussi vaste, le mot de production, pris dans le sens le plus étroit, nous trompe; il n'y aurait de véritable producteur que le soleil.

Le travail financier. — Moins encore que le travail commercial, le travail financier semble mériter d'être appelé un travail productif. Échanger avec bénéfice une espèce de monnaie contre une espèce différente, ou avancer une somme d'argent pour recevoir en retour, au bout de l'année, une somme plus grande, ne paraît pouvoir être considéré comme un travail entraînant une production régulière : ni les monnaies échangées n'ont été transformées, ni la somme avancée multipliée.

Sans nous arrêter pour le moment à l'examen du phénomène économique qu'on appelle les bénéfices et les intérêts, il est certain que le financier lui-même ne produit absolument rien, il ne transporte pas même d'un endroit à un autre, comme le marchand, un produit pour en augmenter la valeur, et, le plus souvent, il transforme un change de monnaie ou une avance d'argent en une simple signature, ne touchant pas même l'argent objet de son travail. Et cependant, plus peut-être que l'industriel, l'agriculteur, le commerçant, il concourt d'une façon immédiate à la production par cela seul qu'il dispose de l'instrument d'échange.

Nous avons examiné les caractères si simples de l'instrument d'échange. Sans terme de comparaison des valeurs, les échanges deviendraient sinon impossibles, du moins très-difficiles, les relations seraient interrompues, l'essor industriel et commercial brisé, et les rapports économiques s'arrêteraient au troc de produits à valeur commune égale : ce serait le retour à l'état le plus primitif.

Par cela donc que le financier échange des monnaies étrangères contre des monnaies courantes, avance des fonds en espèces ou sur crédit à l'industriel, au commerçant, à l'agriculteur, il participe à leur production en leur donnant le moyen de se procurer tous les éléments nécessaires à leur travail.

Le travail artistique et littéraire. — Bien des phénomènes économiques, tels que les aspirations des classes populaires modernes ou l'éclat extraordinaire de la production industrielle et commerciale des grandes nations à certaines époques de leur histoire, nous resteraient incompréhensibles si nous ne tenions également compte du travail artistique et littéraire.

L'homme recherche non-seulement la satisfaction de ses besoins matériels, mais encore celle de ses besoins intellectuels, et ces derniers ont un empire d'autant plus considérable sur lui qu'il est parvenu à satisfaire plus facilement les premiers. Il ne suffit plus que sa nourriture soit bonne, il faut qu'elle soit élégamment préparée; ses vêtements chauds, il faut qu'ils soient distingués; et dans la même mesure il raffine ses goûts; ses souvenirs prennent plus d'importance; il multiplie ses plaisirs, élève ses aspirations.

C'est à cette tendance innée à la nature humaine que répond le travail artistique et littéraire. Dans ce travail, la matière première compte pour peu de chose et le temps employé pour rien, pas plus que les peines prises, les obstacles surmontés ou les difficultés vaincues. L'œuvre est l'expression du degré maximum de concentration des facultés de son auteur. Le public, l'amateur la jugent, et la valeur qu'ils lui prêtent est d'autant plus élevée qu'elle répond mieux à la nature, à l'intensité des besoins qu'ils éprouvent, et que les moyens qu'ils possèdent pour l'acquérir sont plus considérables.

Si les aspirations de nos classes ouvrières croissent de jour en jour, c'est qu'à leur tour elles obéissent aux mêmes impulsions, et si nous découvrons qu' certaines époques le moindre ustensile fut un chef-d'œuvre par l'élégance de ses formes, c'est que ce furent des époques d'une grande prospérité matérielle.

Le travail d'enseignement. — Ces siècles si rares d'un épanouissement complet de toutes les facultés individuelles et sociales démontrent à eux seuls à quel degré de coordination de leurs efforts les hommes ont dû parvenir pour en créer les merveilles. La moindre chose, pour être bien faite, demande un long apprentissage : tout doit être étudié, tout doit être appris, rien ne se produit, rien ne s'invente d'un jour à l'autre, et cet enseignement constitue à son tour un nouveau genre de travail. Il ne multiplie ni ne transforme les objets comme le travail industriel et agricole, il n'en facilite pas l'acquisition comme le travail commercial et financier, il n'en élève pas la valeur intrinsèque comme le travail artistique et littéraire, mais il développe les facultés de l'homme, augmente ses capacités physiques ou intellectuelles, donne une direction à ses efforts et le rend apte à toute production, si longue, si pénible qu'elle soit; il est utile au plus modeste ouvrier comme à l'élève le plus distingué des écoles de Rome ou d'Athènes.

Ce caractère du travail d'enseignement, tout le monde le reconnaît aujourd'hui; et cependant on semble oublier que le caractère fondamental du travail lui-même, la coordination de nos efforts avec nos besoins, y préside comme il préside à tous les actes économiques, et que l'instruction qu'on impose ne peut avoir de résultat profitable que si elle est directement en rapport avec la destinée que chacun est appelé à remplir dans la production générale.

Le travail scientifique. — Les sciences en tant qu'elles sont acquises font partie du travail d'enseignement; le maître les expose, l'élève les apprend. Mais il est un travail qui s'en distingue profondément et qui le plus souvent est confondu avec lui, c'est le travail que nous appellerons scientifique, n'ayant pas d'autre expression à notre usage.

L'ouvrier qui se sert de son outil, le professeur qui expose sa science font le premier un travail industriel, le second un travail d'enseignement; mais lorsque l'ouvrier, au lieu d'employer son outil, compare sa forme au but auquel il lui sert et l'améliore lorsque le professeur, par l'analyse des corps qu'il connait, y trouve un corps nouveau, ils accomplissent tous deux au point de vue de l'économie politique un travail scientifique. Imaginer des outils, des machines, des instruments de travail perfectionnés, c'est inventer, trouver des lois mathématiques, des forces, des corps inconnus, c'est découvrir. Par les autres formes de travail les hommes fondent leur bien-être; par cette dernière ils produisent leurs progrès.

Tout travail se pratique par l'union, la simplification et la coordination des moyens en usage ; par cela que le travail scientifique crée des ressources nouvelles, il hâte, il précipite leur transformation, mais y porte aussi des troubles profonds. Une machine nouvelle qui jette sur le pavé des milliers d'ouvriers et ruine des centaines de patrons est un désastre social. Il en est comme de certains remèdes qui sont excellents, mais dépassent les forces des malades. Il appartient à la science d'en prévoir les effets, d'en mesurer l'action et de ne pas se contenter du mot vague de progrès ou de celui plus vague encore de liberté.

Le travail politique. — La dernière forme de travail, la plus difficile, la plus complexe, celle dans laquelle toutes les autres se résument et dont toutes relèvent, est le travail politique, travail de direction et de protection. Il consiste à faire respecter les intérêts privés et publics, à garantir les droits particuliers et nationaux; de lui dépendent le calme et la sécurité générale, condition première de tout essor industriel, de tout épanouissement social. Nous aurons continuellement à en reparler dans la suite, et nous verrons son importance s'affirmer de plus en plus à mesure que nous avancerons dans l'étude des phénomènes économiques.

Sens véritable de la division du travail. — On vient d'examiner les principales formes de travail; dans aucune on n'a rencontré la manifestation d'une faculté spéciale; même le travail scientifique, produit du génie, se manifeste dans toutes les directions des aptitudes humaines. La théorie qui attribue la division du travail à la diversité des aptitudes repose sur une pointe des épingles d'Adam Smith. Chez les peuples sauvages et barbares, on rencontre d'aussi grandes oppositions de caractères et de facultés que chez les peuples civilisés. Ces derniers ont progressé parce que leur race était plus puissante, leurs besoins plus intenses, leurs intelligences plus fortes. Leur production et leur population se sont accrues, les formes du travail se sont multipliées et insensiblement diversifiées à l'infini.

Loin d'être un principe de la civilisation, la division du travail n'en est qu'une conséquence.

Sans aller prendre les exemples chez les peuples primitifs, on peut observer ce fait en passant du premier village venu à un grand centre de production. Au village, l'épicier vend non-seulement des épiceries, mais encore de la draperie, de la papeterie, de la quincaillerie; dans la ville, de grands marchands se consacrent au détail d'un seul de ces nombreux articles; au village, le paysan est parfois son propre charpentier, menuisier, charron; à la ville, le même ouvrier fabrique le même ustensile toute sa vie. Chaque civilisation, chaque peuple, chaque localité donne naissance à une division du travail qui lui est propre. Cette division tient aux besoins, aux usages, aux coutumes, aux circonstances; ces besoins, ces coutumes, ces usages et leurs transformations peuvent être heureux ou défectueux; la division du travail qui en résulte, excellente ou déplorable, n'étant qu'un effet et non un principe : sa portée économique dépend des causes dont elle dérive, et exprime le degré de civilisation auquel un peuple est parvenu par la coordination des efforts.

CHAPITRE VIII

DES ÉCHANGES.

De l'importance des échanges. — La division du travail a été un effet, non la cause des progrès économiques. Elle suppose avant tout la propriété, c'est-à-dire la jouissance pacifique des objets nécessaires au travail; elle suppose en outre l'échange de ces objets.

Sans échange non-seulement la division du travail eût été impossible, mais encore l'union, la simplification et la coordination du travail lui-même seraient restées rudimentaires. Chacun aurait continué à produire de la même manière les mêmes objets pour qu'ils fussent consommés de même.

Le moindre progrès d'un travail social implique déjà un échange d'efforts. Les sauvages qui cherchent de concert à atteindre un gibier ou à abattre un arbre accomplissent chacun sa besogne au moment et de la manière convenue, se complétant ainsi les uns les autres dans leurs efforts.

Ce n'est toutefois que par l'échange de produits que le travail a pris son essor. Si actif que l'homme puisse être, la vue d'un objet qui lui fait espérer une satisfaction plus grande ou une coordination plus facile de son travail, éveille en lui le désir de le posséder, devient un stimulant pour ses efforts, une cause de progrès nouveaux. Ainsi la même raison qui porte les hommes à attribuer une valeur aux choses, a fait naître les échanges.

C'est ensuite grâce à l'entente qui s'est établie entre les hommes que leurs échanges ont pris un développement de plus en plus considérable. C'est grâce à cette entente qu'ils se sont réglés en même temps que le travail s'est de mieux en mieux coordonné et que les échanges ont pris une extension telle, qu'ils ont permis aux hommes de centupler leurs forces et de jouir en une même place des avantages que présentent les contrées les plus éloignées et les plus diverses.

Tandis que la division du travail est un effet de la civilisation, les échanges en sont une cause. Étant donné tels échanges, il en résulte telle division du travail.

Difficultés des échanges. — Aussi les échanges offrent-ils de singulières difficultés, malgré les facilités extrêmes que les hommes sont parvenus à leur donner.

Pour que le troc, la forme primitive de l'échange, pût s'accomplir au sein de la famille ou de la tribu, il fallut que cette famille et cette tribu parvinssent à concevoir une valeur commune[1], et pour déterminer cette valeur commune, il fallut découvrir une valeur telle qu'elle pût servir de terme de comparaison à la fois à la valeur personnelle et à la valeur commune; enfin, pour que les échanges s'établissent de tribu à tribu, de peuple à peu-

[1] Voir p. 63, *De la valeur commune.*

ple, on a dû trouver une valeur tellement générale, que, dépassant les facilités mêmes du langage, elle se rapprochât de l'universalité des signes et des gestes que les hommes comprennent instinctivement; ce fut la découverte de l'instrument d'échange proprement dit.

De l'instrument d'échange. — L'emploi d'un instrument d'échange se développa, un peuple en enseigna l'usage à un autre, de la même manière que se généralisa l'intelligence des signes ou l'usage de l'écriture.

L'instrument d'échange est à la fois une valeur et un signe.

Comme valeur, il était nécessaire qu'il possédât un caractère de stabilité et de fixité suffisant pour que les échanges accomplis par son intermédiaire se fissent avec une sécurité toujours égale. Une valeur qui pouvait, à un moment donné, servir d'instrument d'échange, mais ne le pouvait plus quelque temps après, pour s'être gâtée, usée ou détériorée trop rapidement, ou une valeur que sa production irrégulière rendait tantôt rare, tantôt abondante, ne pouvaient acquérir les caractères d'un instrument général d'échange.

Bien plus, une valeur qui, par son poids et ses dimensions ou l'impossibilité où l'on se serait trouvé de la diviser et subdiviser, aurait entraîné de trop grandes difficultés de transmission et de transport, ne pouvait non plus convenir, quelles que fussent sa stabilité et la régularité de sa production.

Il en résulta que seules purent acquérir l'importance d'instruments d'échange les valeurs qui, au jugement de tous, portaient des caractères de stabilité et de maniabilité suffisants pour pouvoir assurer les échanges en qualité à la fois de valeur commune et de signe. Les métaux appelés précieux répondaient à ces conditions.

De la monnaie. — On nomme monnaie une certaine quantité d'or ou d'argent qui sous une forme et un poids convenus servent de termes de comparaison des valeurs.

On appelle monnaie divisionnaire des pièces d'argent qui, sans avoir la valeur fixée par les échanges, suppléent momentanément et légalement à l'usage de la monnaie proprement dite, qui se rapproche de cette valeur.

Lorsque les monnaies divisionnaires ne sont pas en argent, mais en cuivre ou nickel, elles forment le billon ou monnaie d'appoint, dont les plus petites divisions présentent des valeurs si minimes qu'elles n'égalent plus la valeur correspondante de l'objet acheté.

Si nous entrons dans ces détails, c'est qu'ils rendent mieux compte que la meilleure explication du degré de perfection, nous allions dire de science, auquel les hommes sont parvenus dans leurs échanges. Ils montrent, en outre, que la monnaie a une double valeur : une première valeur comme marchandise, une seconde comme signe.

Double valeur de la monnaie. — Des qualités particulières, leur inaltérabilité, leur éclat et leur malléabilité, ont fait que l'or et l'argent ont été appelés des métaux précieux et qu'ils sont devenus des valeurs. On achète l'or et l'argent comme on achète toute autre marchandise par le troc; ils ne servent d'instrument d'échange que lorsqu'on s'en sert comme intermédiaire dans la vente et l'achat des autres marchandises.

Ils suivent les hausses et les baisses auxquelles obéissent toutes les valeurs selon les besoins qu'éprouvent les hommes de les posséder et de jouir des avantages qu'ils procurent. De là leur seconde valeur, qui a considérablement augmenté la première, en raison de la nécessité dans laquelle on s'est trouvé de les acquérir pour effectuer des échanges : seconde valeur qui n'en reste pas moins indissolublement liée à la première. L'orfévre qui veut fabriquer un bijou doit acheter l'or et l'argent au prix de leur valeur dans les échanges.

De la fausse monnaie. — Enfin, les avantages attachés à la possession des monnaies, à la fois marchandise et instruments d'échange, ont conduit à les imiter en tant que signe, tout en altérant leur valeur en tant que marchandise. On l'a fait sous toutes les formes : les gouvernements en décrétant que les monnaies auraient cours à un taux plus élevé que leur valeur réelle; les particuliers en fabriquant des monnaies ayant sous une apparence extérieure semblable une valeur moindre.

Les monnaies divisionnaires et d'appoint, quoique renfermant une valeur moindre que la monnaie véritable, ne sont cependant point de la fausse monnaie. Elles se rattachent d'une part au phénomène du crédit, qu'on examinera plus loin, d'une autre à ce qu'on appelle la valeur relative des monnaies, l'étalon monétaire.

L'étalon monétaire. — La question de l'étalon monétaire présente des difficultés singulières : la monnaie, tantôt marchandise, tantôt instrument d'échange, valeur commune et valeur personnelle, objet précieux et signe conventionnel, moyen uniforme de transaction et différant de pays à pays, cause de la stabilité des marchés et, par les variations de sa valeur relative, source de crises continuelles, devait de tout temps faire de la découverte de l'étalon monétaire un des problèmes les plus compliqués de l'économie politique.

Par l'expérience, on était arrivé à fixer, au commencement de ce siècle, les rapports de l'or et de l'argent dans la proportion de 15 à 1, l'or valant, à poids égal, quinze fois plus que l'argent.

Depuis, des causes multiples ont altéré ce rapport; on cherche vainement par des conférences et des congrès internationaux à fixer un nouvel étalon monétaire.

Au point de vue de l'intérêt public, du rôle des États, de la stabilité des échanges et des conventions, il est utile, même nécessaire, que la valeur relative des monnaies en usage soit arrêtée; mais elle ne peut jamais l'être que pour des époques relativement courtes; aucun congrès, aucune conférence ne fixera pour toujours la valeur des choses, et la valeur de l'instrument d'échange encore moins que toute autre.

L'unité monétaire. — La question de l'unité monétaire offre des difficultés bien moindres. Ce que la monnaie est à l'échange de toutes les valeurs, l'unité monétaire l'est aux échanges des monnaies de même espèce ou d'espèces différentes : un terme de comparaison. Il varie de pays à pays, à moins que, par des conventions spéciales, différentes nations adoptent la même unité monétaire.

Du prix. — On nomme prix le nombre d'unités monétaires, ou, ce qui revient au même, le poids convenu de métal monnayé, contre lequel une marchandise a été ou peut être échangée.

Le prix qu'on paye un objet ne représente jamais sa valeur. La différence est tellement grande qu'il y a comme une opposition entre les deux. Lorsque nous débattons un prix, nous ne cherchons en aucune façon à payer l'objet ce qu'il peut valoir pour nous, mais ce que nous croyons qu'il vaut pour son propriétaire; celui-ci, par contre, tend à nous le faire payer la valeur à laquelle nous l'estimons véritablement, et non celle qu'il lui attribue lui-même. Les usages, les coutumes donnent plus ou moins de fixité à ces échanges, et il en résulte, pour la monnaie comme pour les marchandises, la valeur commune dont se rapproche plus ou moins le prix payé.

De la valeur conventionnelle. — C'est là le prix marchand ou la valeur conventionnelle; ni l'un ni l'autre ne constituent la valeur véritable des choses.

Cent francs ont pour tout le monde, en France du moins, une valeur commune identique; le pauvre et le riche n'y verront autre chose que cent francs; et cependant ces cent francs ont également une valeur personnelle aussi considérable pour le pauvre qu'insignifiante pour le riche; selon les circonstances, ils changeront de valeur relative : le riche les dissipera en plaisirs, le pauvre pourra les employer à une production nouvelle.

Quelle que soit la valeur que nous attribuions aux choses, valeur personnelle, commune ou relative, les choses n'acquièrent leur valeur entière que par leur emploi et leur consommation; cette dernière valeur, nous l'appellerons la valeur économique.

De la valeur économique. — Cent francs dépensés en fumée de cigares et cent francs employés à produire des cigares représentent, au point de vue de la production et de la consommation des individus et des États, une valeur économique fort différente.

Au-dessus des valeurs personnelle, commune, relative et conventionnelle ou du prix des choses, il y a leur valeur économique ou scientifique, c'est-à-dire la valeur qu'acquièrent réellement les objets dans la vie et les échanges des hommes.

Les époques de progrès et de crises, la prospérité et la décadence matérielle des États, dépendent de la valeur économique que les hommes, à leur insu, attribuent aux choses[1].

Le paradoxe des échanges. — Des caractères de la valeur économique résulte ce que nous appellerions volontiers le paradoxe économique; plus les prix des choses nécessaires à l'existence et à la production de l'homme diminuent, plus leur valeur économique augmente; plus, au contraire, leur prix augmente, plus cette valeur diminue.

[1] Voir chap. XIX, *De la consommation des produits.*

L'air, l'eau, la lumière n'ont aucune valeur parce qu'ils sont à la disposition de tout le monde; ils n'en acquièrent pas moins un prix inestimable lorsqu'ils viennent à nous manquer. La valeur des choses dépend du besoin que nous en éprouvons. Plus donc, dans un état social, le prix des choses nécessaires à l'existence et à la production de l'homme est bas, plus facilement les besoins qui s'y rapportent seront satisfaits, plus l'état social sera prospère et la valeur économique des choses considérable.

Le phénomène contraire s'observe pour les objets de luxe, les œuvres d'art, les raffinements de la mode et du goût. Dans ces objets, on recherche non pas à satisfaire les besoins imposés par les nécessités de l'existence et de la production, mais ceux dictés par la passion du plaisir, des distractions, des jouissances. Dans la production de ces objets, les peines épargnées ne comptent pas, le temps employé n'en accroît pas la valeur, et si leur prix augmente en raison du plaisir et des jouissances qu'ils nous procurent, leur valeur économique diminue aussi dans la même proportion.

Hausse et baisse de prix. — La valeur des choses dépend du besoin que l'on en éprouve. Il en est de même des prix; ils sont l'expression d'une valeur. Quelle que soit la quantité d'or et la quantité d'argent en circulation, du moment où les échanges de petites valeurs, le petit commerce et la petite industrie, prennent un développement considérable, la valeur de l'argent, qui sert à payer les objets de prix moindre, augmente; c'est au contraire la valeur de l'or qui augmente si ce sont les échanges d'objets de grande valeur, le grand commerce et la grande industrie, qui prennent le plus d'extension. Naturellement, le fait contraire se produit avec le mouvement contraire. Selon ces différents cas, on dit que la valeur de l'or ou de l'argent baisse ou hausse; en réalité, il n'y a que les besoins qui le font.

Des milliards d'or et d'argent jetés subitement sur le marché peuvent être accompagnés d'une hausse générale des prix, si simultanément le besoin qu'on en a pour effectuer les échanges augmente davantage. De même la perte de milliards peut n'avoir aucune action sur le prix, si dans la même proportion le besoin qu'on en éprouve diminue.

La loi des prix. — On raisonne d'ordinaire sur ces matières en se fondant sur deux hypothèses, la constance de la quantité monétaire et la stabilité des besoins humains, hypothèses contraires à la nature des choses. Si l'on considère les rapports qui existent entre la hausse et la baisse des prix, dans leur ensemble et non pas suivant nos abstractions et nos hypothèses, on y découvre l'une des lois les plus importantes qui régissent les progrès de la production et de la consommation humaines : « Plus le prix des objets nécessaires à l'existence et à la production baisse en même temps que celui des objets destinés à satisfaire les plaisirs et les jouissances augmente, plus la vie devient dispendieuse, mais plus aussi les nations deviennent prospères. » Loi qui renferme le secret de tous les progrès de la vie économique des peuples. Une couverture, luxe pour le sauvage, est un objet de première nécessité pour l'homme civilisé, et devient une œuvre d'art dans une civilisation avancée. Plus facilement l'homme parvient à satisfaire les besoins de son existence, plus il tend à rendre son existence agréable; en raison, sa vie devient coûteuse, mais sa situation ne reste prospère que dans la proportion où la modicité du prix des objets nécessaires à son existence continue à baisser.

Des crises dans les échanges. — Cette loi est absolue; lorsque les circonstances lui deviennent contraires, il en résulte dans les échanges des crises qui elles-mêmes confirment la justesse de la loi.

Les effets des disettes, des famines, sont connus. Durant ces douloureuses épreuves, les objets de luxe diminuent de valeur, tandis que ceux de première nécessité augmentent hors de mesure; mais l'action fatale de la loi ne tarde pas à se rétablir : au milieu des privations, des misères, des souffrances, la famine passe, et les objets de première nécessité redeviennent moins chers, tandis que les autres reprennent leur valeur.

Au contraire, lorsque après plusieurs années exceptionnellement fertiles, les objets de première nécessité perdent de leur prix, aussitôt tous les autres objets renchérissent; l'agriculteur donnera plus de blé pour acquérir des instruments moins bons, plus de fruits pour recevoir des vêtements de qualité inférieure, à moins que la surabondance des récoltes ne trouve son emploi dans une augmentation parallèle de toutes les autres formes de la production, conformément à la loi des prix.

Il en est de même de toutes les autres formes de l'industrie humaine : partout, comme en agriculture, tantôt e phénomène de la disette, tantôt celui de la surabondance se produit du moment que la production n'a point pour effet l'action normale de la loi.

Suivant les préjugés économiques régnants, toute surproduction de marchandise devrait augmenter l'aisance générale. Il n'en est rien. Les surproducteurs ne trouvent plus, à cause de la baisse du prix de leurs marchandises, les bénéfices nécessaires à la satisfaction de leurs besoins; les autres produits baissent dans la même proportion, et la misère générale en résulte, jusqu'à ce que les marchandises surproduites aient trouvé leur écoulement et que la loi reprenne son cours : pour que les peuples soient prospères, il faut que les objets de première nécessité continuent à diminuer et les objets de luxe à croître en valeur.

Lorsque l'État, pour faire prospérer l'industrie et le commerce, augmente le réseau des chemins de fer, étend les voies de communication, il appauvrit les contribuables par les charges que l'exécution de ces entreprises fait tomber sur eux, du moment où ces chemins de fer et ces voies de communication n'augmentent pas la production en proportion des charges nouvelles.

Si au contraire la production augmente dans cette proportion, les objets de première nécessité diminueront en valeur, tandis que ceux de luxe augmenteront. L'affirmation paraîtra peut-être téméraire : on dira que l'agriculteur qui produit des objets de première nécessité voit par l'établissement d'une nouvelle ligne de communications le prix de ses grains et de ses fruits augmenter considérablement, tandis qu'il acquiert à bien meilleur marché les objets de luxe qui lui parviennent plus facilement. C'est observer les faits à la fois de deux points de vue opposés. L'agriculteur, en envoyant ses produits sur le marché, fait baisser les prix des objets de première nécessité, et, en faisant venir des objets de luxe en plus grande quantité, fait hausser le prix de ces derniers.

Les échanges sont toujours réciproques, et ce n'est pas les comprendre que de ne pas les envisager dans leur ensemble.

Quant à la loi générale des prix, elle est tellement absolue que lorsqu'elle n'est pas observée, il en sort non-seulement des crises passagères, mais la ruine des États.

Ruine des échanges. — La ruine des échanges surgit lorsque dans un État les besoins de luxe et de jouissance continuent à croître sans que la valeur des objets nécessaires à l'existence diminue en proportion.

La production de ces derniers devenant en ce cas plus chère sans que les objets de luxe diminuent de valeur, tous les produits indistinctement renchérissent dans la même mesure; la vie devient non pas plus dispendieuse, mais de plus en plus difficile. Les besoins ont augmenté hors de proportion avec les moyens de production. A une gêne momentanée succède une privation continue, générale; les haines entre les différentes classes grandissent, l'oppression apparaît de toute part, et insensiblement l'état social se dissout et se perd.

Ce sont les effets d'une famine lente et continue qui se termine avec l'extinction de la race qui n'a pas su trouver en elle assez d'initiative et d'énergie pour la combattre.

De la science des échanges. — En réalité, la loi de

prix n'est qu'un effet de la solidarité constante qui existe entre la consommation et la production des efforts humains.

Il en dérive une question d'une importance singulière : jusqu'à quel point tous les objets échangés à un moment donné contribuent-ils à une coordination plus grande ou moins grande des efforts des hommes en vue de la satisfaction de leurs besoins?

Dans le moindre échange, chacun des intéressés n'a d'autre but que de parvenir par l'objet qu'il acquiert, que ce soit l'instrument d'échange ou la marchandise, à une satisfaction de ses besoins. Jusqu'à quel point ce but est-il atteint? Résulte-t-il vraiment, l'échange accompli, un progrès dans la coordination des efforts? La production et la consommation augmenteront-elles? diminueront-elles? resteront-elles stationnaires?

A ces questions nul ne sait, nul ne peut répondre. Le plus souvent ceux-là mêmes qui font les échanges ignorent absolument leurs effets véritables. Se contenter du « laisser-faire », du « laisser-passer » ou de la réglementation imaginaire de faits qu'on ignore, n'est pas résoudre la difficulté.

A mesure que les hommes échangent leurs produits, ils en font l'expérience fatale. Des crises surviennent et disparaissent, des États grandissent et s'effondrent; le jour seulement où la science leur enseignera la valeur réelle de chacun de leurs échanges, les hommes pourront se dire maîtres de leurs destinées économiques.

CHAPITRE IX

DU CAPITAL.

Définition. — On a donné les définitions les plus contradictoires du capital. Turgot y voit une accumulation de valeurs. Adam Smith crut devoir diviser la fortune en deux parties, l'une destinée aux besoins, l'autre dont on se contente de percevoir les revenus et qui constitue, selon lui, le capital. J. B. Say prétendit que le capital est cette valeur particulière qui réside dans les objets employés à une opération productive. Chaque auteur économiste attribue au mot *capital* un sens différent : tantôt ils se rapprochent de la définition de J. B. Say; d'autres fois ils adoptent, avec certaines restrictions, celle de Turgot ou bien préfèrent la définition d'Adam Smith; souvent aussi ils les citent toutes sans s'arrêter à aucune.

En fait, on a abandonné la recherche d'une explication rigoureuse de cette mystérieuse expression.

Dons et forces naturels, machines industrielles et agricoles, fonds commercial et propriété foncière, science, savoir-faire, habitudes acquises, tout objet et toute source de production devinrent de cette façon du capital, et la science économique se résuma finalement, avec

Karl Marx, dans la science même du capital, cause de toutes les misères et souffrances des classes ouvrières.

Les définitions d'Adam Smith et de J. B. Say perdent leur portée dès qu'on se donne la peine de réfléchir à la constance de la solidarité qui existe entre la production et la consommation. Il n'y a pas de valeurs exclusivement réservées à la satisfaction de nos besoins, ni de valeurs qui ne soient destinées qu'à la seule production; il n'existe point d'objets qui ne servent qu'à l'une ou à l'autre. Nous consommons pour produire, nous produisons pour consommer. On ne peut pas plus concevoir, comme le veut Adam Smith, une fortune ou partie de fortune qui ait pour unique fonction de nous procurer des revenus, ou, comme le veut J. B. Say, qui ne serve qu'à la production, qu'une autre fortune ou partie de fortune qui ait pour seul objet la consommation. Ce qui est matière à production pour l'un est matière à consommation pour l'autre, et tout capital, quel qu'il soit, n'est une valeur qu'à la condition qu'il satisfasse nos besoins, qu'il soit employé et consommé. Or rien ne peut à la fois être et n'être pas une même chose. A ce point de vue, la définition de Turgot, qui fait du capital un ensemble de valeurs accumulées, serait encore la plus exacte; mais eussions-nous accumulé toutes les valeurs imaginables, du moment que nous ne nous en servons pas pour une production quelconque, elles ne constituent pas un capital. Observation qui nous ramène aux définitions d'Adam Smith et de J. B. Say, lesquelles, en comprenant sous le mot de capital tous les moyens de production imaginables, nous conduisent logiquement à la théorie de Karl Marx.

Sans revenir aux subtilités du fameux socialiste, ni à sa

distinction du travail nécessaire et du surtravail[1], il suffit de se tenir à la lettre des définitions d'Adam Smith et de J. B. Say pour se voir obligé d'admettre toutes ses conclusions.

Du moment que les valeurs se distinguent en valeurs servant à la consommation et en valeurs utilisées dans la production, il est inévitable que les détenteurs de ces dernières s'enrichissent de plus en plus, étant possesseurs des valeurs productives, et que les détenteurs des autres deviennent de plus en plus misérables, ne disposant que de valeurs ne pouvant que contribuer à leur subsistance.

Réduites à leur véritable portée, les définitions des plus célèbres économistes, aussi bien que la doctrine du fondateur de l'Internationale, ne représentent que des idées également incomplètes des caractères et des conditions de la production et de la consommation humaines.

Cause de ces lacunes. — L'importance prise par l'instrument d'échange dans le progrès industriel et commercial est l'unique cause de la manière insuffisante dont les auteurs ont envisagé le capital. Chaque objet susceptible d'être évalué, transformé, communiqué au moyen de l'instrument d'échange, est devenu pour eux un capital : la science du savant, le travail de l'ouvrier, les légumes achetés par une fruitière, l'argent du banquier, les machines de l'industriel.

Plus les échanges sont devenus multiples, plus les cal-

[1] Voir Introduction, p. 8.

culs se sont compliqués, plus aussi le sens du mot *capital* a été pris en des acceptions diverses : capital de fondation, de roulement, d'exploitation, d'instruction, d'apprentissage. On a même été jusqu'à évaluer comme capital la naissance de l'enfant, son alimentation, ses frais de première communion, etc. A ce titre, rien n'empêcherait de calculer la chaleur du soleil selon les pays et les latitudes, source de toute production, et de l'estimer comme le premier et le grand capital du monde.

Grâce à la multiplicité des échanges et à cette facilité des calculs on a fini par faire du capital une espèce d'entité principe de toute richesse, lorsqu'en réalité il n'est qu'une façon générale d'évaluer la valeur des choses et une simple notion abstraite attachée aux différentes formes de la production.

Il en résulta une autre erreur qui transforma l'idée abstraite en une pure illusion : on opposa les valeurs destinées à la production aux valeurs destinées à la consommation, le capital au salaire, les revenus aux dépenses, les bénéfices aux frais, sans se douter que ces antinomies n'étaient au fond que de simples apparences, des mots représentant des phénomènes très-secondaires, et non des principes de la science économique.

Il en fut en quelque sorte comme de la physique et de l'astronomie du moyen âge. Alors aussi on enseignait, ne s'en tenant qu'aux apparences, que les corps se distinguaient en lourds et légers, denses et volatils, et que le soleil tournait autour de la terre parce qu'il se levait à l'orient et se couchait à l'occident.

Le capital par estimation. — Une maison rapporte

10,000 fr. ; elle représente donc un capital de 200,000 fr. Elle n'a cependant coûté que 100,000 francs à construire. Mais la population se déplace, les locataires quittent, la maison ne rapporte plus même les frais d'entretien; finalement, le propriétaire lui-même l'abandonne, et elle tombe en ruine. Qu'est-ce que ce capital? ce principe de production qui selon les circonstances vaut le double ou la moitié, rapporte 10 pour 100 ou rien? C'est absolument comme les corps qui sont successivement légers, lourds, denses, volatils, selon le milieu où ils se trouvent.

Dire avec Turgot que le capital est constitué par des valeurs accumulées n'est pas donner une définition, mais simplement une autre façon de parler. On pourrait définir le capital la somme des progrès accomplis par un peuple. La définition serait déjà meilleure, étant d'une portée plus générale et représentant mieux l'ensemble des causes de la production humaine; mais en remontant ainsi aux causes de la production, on finirait par envisager la lumière et la chaleur du soleil comme étant le seul capital véritable : ce sont elles, en effet, les causes premières de toute production.

Il n'existe ni limite ni terme à ce qu'on peut appeler le capital d'estimation. On a évalué en quantités monétaires tous les moyens de production, et l'on en a fait des capitaux. « C'est cette valeur particulière, dit J. B. Say, qui réside dans les objets employés à une opération productive. »

Le capital réel. — En fait, il n'y a de capital que si les objets destinés à une production sont acquis au moyen d'une certaine somme d'argent; c'est cette somme qui constitue le capital réel effectif.

Les quantités d'or ou d'argent enfouies dans les monts de l'Altaï ou de la Nevada ne forment pas un capital. Il faut qu'elles soient extraites par un travail long, pénible, et transformées en monnaie d'or et d'argent, et alors encore elles ne sont pas un capital. Une somme de numéraire enfermée dans un coffre-fort y joue en réalité le même rôle qu'enfouie dans la montagne.

Personne n'en use, personne ne l'emploie; il faut, pour qu'elle prenne le caractère d'un capital, qu'on en fasse usage, qu'elle soit mise en œuvre, entre dans la circulation.

D'un autre côté, la masse de numéraire qui se trouve en circulation ne forme pas non plus un capital. L'ouvrier qui reçoit son salaire, le fonctionnaire qui touche son traitement, le rentier auquel on paye ses revenus ne font pas, en tant qu'ils dépensent pour vivre les sommes reçues, acte de capitaliste. Cet argent est et reste dans la circulation. Mais aussitôt que l'un d'entre eux met n'importe quelle somme, si petite qu'elle soit, de côté pour l'utiliser, non plus en vue d'une dépense, mais en vue d'une production, il se constitue un capital, voilà le capital réel, effectif. Toute somme de numéraire retirée momentanément de la circulation pour l'y faire rentrer dans un but de production quelconque est un capital.

Valeur du capital. — Mais aussitôt que le capital a été employé, il perd tous ses caractères de capital réel et se change en capital d'estimation, au moyen duquel on poursuit une fin qui n'est souvent qu'une vaine espérance ou une illusion. Il a été transformé en machines qui peuvent être bonnes ou mauvaises, en marchandises qui peuvent trouver ou non leur écoulement, en une dette dont l'emprunteur peut payer ou ne pas payer les intérêts, etc. Par lui-même le capital n'est en aucune façon une source de production. Toute sa valeur dépend de la manière dont il est à son tour consommé.

Le principe de la solidarité qui existe entre la consommation et la production régit l'emploi du capital comme tous les phénomènes économiques.

Un capital qui par la forme de sa consommation engendre une production plus grande est une bonne affaire; celui qui, au contraire, par sa consommation engendre une production moindre que celle qui lui a donné naissance en est une mauvaise.

Par lui-même le capital ne produit rien; il faut qu'il rentre dans la circulation, soit consommé, et que cette consommation engendre une production nouvelle. Or ces effets du capital sont soumis à la même loi qui régit tous les phénomènes qui nous occupent, lesquels dépendent des relations des hommes et des formes de leur travail.

Tout capital ou, pour parler plus exactement, toute mise en œuvre d'une quantité déterminée de l'instrument d'échange, en vue d'une production nouvelle qui contribue à accroître la coordination des efforts pour parvenir à satisfaire les besoins, est une source de richesse, une cause de l'augmentation du bien-être; tout capital qui n'atteint pas ce but entraîne au contraire des souffrances et des misères qui répondent fatalement à son mode d'emploi.

Les économistes ont vanté les bienfaits et merveilles du capital; les socialistes en ont relevé les méfaits et les abus. Tous ont confondu les effets avec la cause. Ils ont vu en lui un phénomène moral alors que par lui-même il est la chose la plus indifférente du monde, comme une certaine quantité d'oxygène ou d'azote par exemple. Ceux-ci peuvent l'un et l'autre être indispensables ou dangereux à l'existence humaine; cela ne dépend point d'eux, mais des formes de leur emploi. Il en est de même du capital. Il peut, suivant les circonstances, être utile ou nuisible à la coordination de nos efforts et à la satisfaction de nos besoins; cela dépend de la nature de ces efforts ou de la nature de ces besoins.

Il appartient à l'économie politique d'en déterminer les formes et modes d'usage, d'en étudier les effets au point de vue de la prospérité ou de la ruine des individus et des peuples.

Si par un simple échange deux hommes doublent en quelque sorte leurs forces, il est facile de se rendre compte de la singulière puissance que peut acquérir entre les mains d'un seul l'emploi de ce que nous appelons le capital. Par le retrait momentané d'une certaine quantité de l'instrument d'échange de la circulation, il rend cette circulation en raison moins facile; mais, en revanche, il accumule aussi toutes les forces disponibles autour de la somme amassée et peut, selon la façon de s'en servir, centupler ou anéantir leur production. Telle est la valeur profonde du capital. Par la découverte de l'instrument d'échange les hommes sont parvenus à estimer toute chose à sa valeur relative; par la formation du capital ils disposent de sa valeur future, — de leur richesse ou de leur misère à venir.

De la possession du travail d'autrui. — Ces caractères du capital, pris sous sa forme la plus précise, sont tellement frappants, que Karl Marx n'a pas hésité à appeler le capital la possession du travail d'autrui. Pour le démontrer, il a cru devoir insister sur sa fausse et subtile distinction du *travail nécessaire* et du *surtravail;* il aurait pu s'arrêter aux simples échanges. « En achetant pour une certaine somme d'argent les produits du travail d'un autre, je deviens exactement dans le même sens possesseur de son travail. »

Les économistes n'ont pas compris l'espèce de jeu de mots ou de sophisme caché sous cette façon de s'exprimer; ils en avaient donné l'exemple en parlant de la vente et de l'achat du travail.

L'homme ne peut pas plus vendre son travail qu'il ne peut vendre sa faim et sa soif; c'est une chose à lui, inhérente à sa personne et dont il ne peut se défaire; elle ne saurait donc pas plus être achetée que vendue. En certaines circonstances l'homme peut même vendre sa personne, mais il ne saurait vendre son travail.

En louant un homme à la journée ou en le payant à l'année, je ne lui achète en aucune façon son travail, mais je lui paye les produits, les effets de son travail, comme dans le moindre échange où je paye le prix convenu d'une marchandise. Si dans la journée l'homme que j'ai loué ne produit rien, ou si l'employé que je paye à l'année, au lieu de travailler pour moi, travaille pour lui, il se trouve que je n'ai absolument rien acheté, de la même façon que si le marchand auquel j'ai payé son objet ne m'avait remis que l'enveloppe.

Ce sont des expressions qu'il faudrait rayer de la science : marché, vente, achat, possession du travail; elles ne font qu'égarer les esprits qui n'ont pas l'habitude de la précision ou qui n'ont pas la force d'envisager l'ensemble des questions.

Direction du travail. — Ce que le capitaliste achète, ce n'est ni la jouissance ni la possession du travail d'autrui, ce n'est pas même la direction ou l'initiative de ce travail; car cette direction ou cette initiative est encore un travail qui ne saurait être vendu et dont l'emploi continue à appartenir à ceux qui s'en sont chargés après que le capital aura été dépensé.

Le capital entre les mains du capitaliste n'est que l'expression d'une simple faculté, faculté de l'employer à une production et dont jouit quiconque a l'instrument d'échange, quelle que soit sa quantité.

Puissance du capital. — Ce n'est qu'en le réduisant à son caractère le plus général et le plus élémentaire qu'on arrive à comprendre toute la puissance du capital. Il ne représente ni la possession, ni la direction, ni même l'initiative du travail d'autrui; ceux-là sont un produit du génie individuel, de l'entente commune, de la coordination naturelle des efforts, l'expression de l'état intellectuel et social d'un peuple. Le capital est impuissant à les produire; mais les uns et les autres étant acquis, le capital représente toutes les facilités imaginables données à leur expansion, et cela parce qu'il n'est pas même, comme le croyait Turgot, une accumulation de valeurs, mais une simple accumulation de l'instrument d'échange.

Grâce à cette accumulation, et grâce à elle seule, l'un peut offrir en retour de la satisfaction momentanée de ses besoins les effets de son travail futur, l'autre consacrer sa jeunesse, ses efforts, ses études à devenir un jour peut-être capable de diriger tout un ensemble de travaux; et chacun selon les besoins qu'il éprouve, les ressources qu'il a, depuis le simple ouvrier, le contremaître, jusqu'aux directeurs de fabrique et à l'inventeur de génie, parviennent, grâce aux facilités que présente l'instrument d'échange par son accumulation momentanée et sa circulation, à produire des œuvres qui étonnent le monde autant par l'énormité des capitaux que par la coordination des efforts qui les ont créés.

Tyrannie du capital. — En revanche, combien, pour toutes les peines qu'ils se donnent, ne reçoivent qu'un salaire insuffisant! combien consacrent des années de travail à une œuvre, un apprentissage, une invention, sans trouver aucune ou seulement une rémunération dérisoire de leurs peines!

Ce sont ces phénomènes qu'on a pris l'habitude d'appeler la tyrannie du capital et qui, enseignés sous cette forme aux masses, excitent leurs rancunes et leurs haines contre les riches et les fortunés.

Nous venons de voir que le capital par lui-même ne représente ni la possession, ni la jouissance, ni même la direction ou l'initiative du travail.

Comme accumulation de l'instrument d'échange, il ne

peut servir qu'à être dépensé en vue d'une production. Quant à ses effets, ses produits, ils dépendent de la nature du travail, et non du capital. Si les efforts sont bien coordonnés, il en surgit les merveilles de l'industrie et de la prospérité publique; s'ils le sont mal, il en dérive des misères et des souffrances qui y répondent exactement. Le capital par lui-même est aussi innocent de l'un et de l'autre que la lumière du soleil qui, selon la façon dont nous nous en servons, nous éclaire ou nous aveugle.

C'est à la nature de notre travail et à celle de nos besoins qu'il faut s'en prendre si les effets qui en résultent sont désastreux pour les uns, heureux pour les autres; c'est une grave erreur de s'en prendre au capital, aussi bien pour vanter les progrès que pour maudire les misères des hommes.

CHAPITRE X

DE L'OFFRE ET DE LA DEMANDE.

Caractères. — A différentes reprises nous aurions pu faire mention de l'important phénomène de l'offre et de la demande, à propos du troc et de l'emploi de l'instrument d'échange, du prix des choses et des échanges, qui ne peuvent se faire sans offre et demande; à l'occasion du phénomène du travail, dont la simplification et la coordination ne sont encore que les effets d'offres et de demandes de travail; enfin au sujet du capital, dont la formation n'est possible qu'à la condition qu'il soit retiré de la masse des demandes une certaine quantité de l'instrument d'échange.

En étudiant les relations économiques, on rencontre l'offre et la demande à chaque instant, sous toutes les formes, et nous avons cependant évité jusqu'ici de nous servir de ces expressions.

Elles ont apparu à la plupart des économistes comme la loi de tous les phénomènes économiques. L'offre et la demande ne sont qu'un effet des éléments économiques que nous venons d'examiner successivement. Pour que l'on offre et que l'on demande des produits, il faut que ces produits existent; pour que leur échange soit possible, il faut que l'on ait acquis les moyens d'en estimer la valeur relative. Si l'on offre et si l'on demande du travail, il faut que ce travail se soit développé au point de pouvoir être offert et demandé; et si l'on demande et offre des capitaux, il faut que ces capitaux se soient formés et que leur application soit réalisable.

Ainsi il faut que les phénomènes économiques auxquels l'offre et la demande se rapportent existent pour que l'offre et la demande se produisent; l'offre et la demande n'en sont que la forme extérieure, forme très-générale, mais aussi des plus superficielles.

Le moindre échange implique non pas une offre et une demande, mais une double offre et une double demande. L'acheteur offre l'instrument d'échange et demande le produit, le vendeur demande l'instrument d'échange et offre le produit; ni l'un ni l'autre n'agissent en vue du simple échange, mais par suite des nécessités de leur consommation et de leur production propres. Tel est le fond du phénomène résumé dans l'expression de l'offre et de la demande, lequel est à la fois la forme et le résultat des rapports économiques qui se sont établis entre les hommes, mais n'en est pas la cause.

Ces considérations, si subtiles qu'elles puissent paraître aux esprits habitués à ne voir dans l'analyse des phénomènes économiques que les mots, présentent en économie sociale et en économie publique une gravité extrême. Ainsi, la simple analyse des phénomènes si complexes que résument les expressions de l'offre et de la demande démontre la vanité des théories qui ont cherché la solution des difficultés sociales et politiques de notre époque, les unes dans la liberté des offres et des demandes, les autres, au contraire, dans leur réglementation.

L'offre et la demande ne sont que des effets des besoins dont la satisfaction est, de toute nécessité, subordonnée à la nature des produits. Or ni la liberté ni la réglementation des offres et des demandes ne sauraient changer ces besoins et ces produits.

Tant que nous n'étudierons ces deux grandes sources des phénomènes économiques qu'au seul point de vue de leur forme extérieure, leurs effets véritables nous échapperont.

Loi de l'offre et de la demande. — La prétendue loi de l'offre et de la demande en est un exemple curieux. Étant parti de ce principe que l'offre et la demande constituent la condition essentielle de tout échange, on en a déduit cette conséquence, que plus les choses sont demandées, plus leur prix tend à s'élever; plus, au contraire, elles sont offertes, plus leur prix tend à baisser.

« Les lois, dit Montesquieu, sont les rapports nécessaires qui dérivent de la nature des choses. » Pour que le phénomène de l'offre et de la demande puisse être transformé en loi, il faudrait qu'il y eût toujours une proportion constante entre la hausse des prix d'une part et la diminution des offres ou l'augmentation des demandes de l'autre, et inversement entre la baisse des prix et l'augmentation des offres ou la diminution des demandes. Or, si nous examinons comment les prix se modifient, nous voyons que cette proportion n'est jamais observée.

La récolte en blé augmente-t-elle d'un cinquième, le prix du blé diminue d'une manière insensible; diminue-t-elle, au contraire, d'un cinquième, aussitôt son prix double. Dans la récolte des vins la proportion se modifie d'une tout autre manière, par la seule raison qu'on se prive plus facilement de vin que de pain.

Un objet devient de mode, son prix ne cesse d'augmenter malgré l'accroissement des offres; la mode cesse, le prix tombe à rien, malgré la diminution des offres.

La nature, l'intensité et le changement des besoins exercent une influence autrement forte sur le prix des choses que la quantité relative des offres et des demandes.

Principales sources de la prospérité. — Loin d'offrir les caractères d'une loi économique, les rapports des offres et des demandes ne représentent même pas une condition générale de la production et de la consommation ou une mesure de la prospérité publique. L'immense majorité des richesses d'un État n'est ni offerte ni demandée. La bonne tenue des ménages dans les villes, l'aisance des habitants des campagnes, qui constituent précisément le fond de la prospérité publique, échappent absolument à toute offre, à toute demande. Si le moindre travailleur de la campagne s'efforce d'acquérir un champ pour y planter ses légumes, c'est uniquement pour ne point rester exposé aux chances toujours aléatoires qu'entraînent précisément l'offre et la demande.

Une seconde et importante source de la production et de la prospérité publiques, ce sont les inventions et les découvertes. Nul ne songe à les demander, et le plus souvent leurs auteurs, qui les offrent, meurent dans la misère.

D'autres fois, au contraire, une découverte, qui n'a pas été demandée, rend son auteur millionnaire et cause la prospérité de toute une contrée. L'intelligence des besoins d'autrui de la part des producteurs est un facteur qui, à côté de l'intensité de ces besoins, influe bien plus que la quantité relative des offres et des demandes sur le prix des choses.

L'état du marché. — Lorsque nous travaillons pour autrui, cela ne veut pas dire qu'on nous a commandé l'objet que nous exécutons; il suffit que nous estimions qu'il répond à un besoin existant; ainsi nous lançons un produit nouveau que personne ne nous a demandé, et nous entassons dans nos magasins des produits anciens dans l'espérance de les vendre au mieux à une autre époque. Nous recevons la nouvelle que la récolte d'Amérique sera abondante, aussitôt les prix des blés baissent; le télégraphe annonce que l'amirauté d'Angleterre a donné l'ordre d'armer l'escadre, aussitôt leur prix hausse : voilà l'état du marché. Non-seulement l'offre et la demande, mais toutes les conditions de production et de consommation, toutes nos craintes, toutes nos espérances le déterminent. Le prix des choses varie non pas avec la quantité relative des offres et des demandes, mais avec l'état du marché, qui donne en résumé l'expression exacte da la situation politique, industrielle et commerciale des individus et des peuples.

Sens véritable de l'offre et de la demande. — La

quantité relative de l'offre et de la demande ne détermine donc pas le prix des choses; l'intensité des besoins, les craintes et les espérances, l'intelligence des besoins futurs y concourent d'une manière beaucoup plus efficace.

La quantité relative de l'offre et de la demande détermine encore bien moins la valeur économique des objets.

Un objet également demandé et d'un prix uniforme peut avoir une valeur minime pour l'un, très-grande pour l'autre, et sa consommation peut avoir une valeur économique absolument nulle ou même négative, ainsi le tabac ou l'opium.

Les hommes, en tant qu'ils consomment et produisent pour eux, créent des valeurs. S'ils produisent ces valeurs pour autrui, en vue d'une demande effective ou d'une demande possible, le phénomène économique se complique d'un facteur nouveau : la demande de l'acheteur, l'offre du vendeur; mais il ne change pas de nature et ne se transforme pas en une loi particulière. Que je produise en vue de ma satisfaction personnelle ou que je produise en vue de la satisfaction d'autrui, laquelle me permet, par un échange de produits, de satisfaire à mon tour mes besoins, le phénomène, au fond, reste le même et la loi de la coordination qui régit la consommation et la production identique.

La quantité des offres et des demandes ne représente que le nombre d'intermédiaires qui se place entre les deux extrêmes d'un même phénomène. Elle est l'expression exacte du degré d'entente qui s'est établi entre les hommes dans l'échange de leurs productions et de leurs consommations, mais n'en constitue ni l'essence ni la loi.

La loi d'airain des salaires. — L'école socialiste, en appelant l'offre et la demande du travail la loi d'airain des salaires [1], parce que Turgot avait cru observer que le salaire avait la tendance à se réduire au minimum nécessaire à l'existence de l'ouvrier, a moins suivi l'observation de Turgot que l'esprit de la prétendue loi de l'offre et de la demande. Un entrepreneur offre du travail, mille ouvriers en demandent; le moins exigeant l'obtiendra.

En portant plus loin l'analyse, on remarque qu'en toute offre et demande, qu'il s'agisse du travail ou d'autre chose, la tendance naturelle de l'offrant, aussi bien que du demandeur, est d'obtenir l'objet de l'échange au plus bas prix possible. L'acheteur désire obtenir le plus de marchandises qu'il peut pour son argent, le vendeur demande le plus d'argent qu'il peut pour sa marchandise. C'est là un fait universel pour le patron comme pour l'ouvrier, pour le commerçant comme pour l'amateur, pour le capitaliste comme pour son emprunteur. Les naturalistes ont fait de cette tendance une loi universelle qu'ils ont appelée la lutte pour l'existence. Dans la société humaine, elle trouve sa pondération dans l'entente commune et la nature des besoins. Quiconque éprouve peu de besoins, qu'il s'appelle patron, ouvrier, acheteur, vendeur, capitaliste ou emprunteur, se montrera peu exigeant; celui qui en ressent davantage manifestera aussi plus d'exigences. C'est une affaire d'entente et non de lutte entre les hommes.

Il n'y a pas plus de loi d'airain des salaires qu'il n'existe

[1] Voir Introduction, p. 7.

une loi d'airain de n'importe quelle industrie; mais un industriel qui ne parvient pas à payer par son gain ses ouvriers est un industriel qui se ruine absolument, comme un ouvrier qui n'arrive pas à contenter ses besoins avec son salaire; toute la question se résume dans la nature des besoins à satisfaire.

Ce ne sont pas les raisonnements illusoires fondés sur une prétendue vente du travail qui rendent la question ouvrière si grave, ni même les revendications plus positives des travailleurs; mais c'est la question de la nature, de la quantité et de l'intensité des besoins éprouvés par la classe dirigeante du travail aussi bien que par la classe ouvrière. Dès que les besoins des uns et des autres ne pourront plus être satisfaits, il n'y aura plus de production du tout. Voilà la vraie loi d'airain du travail; elle a même autorité sur tous.

CHAPITRE XI

DE LA CONCURRENCE ET DE LA SPÉCULATION.

La concurrence selon les doctrines économiques. — Il en est des idées incomplètes en économie politique comme des sophismes en philosophie; mais tandis que les philosophes s'imaginent qu'ils peuvent prétendre le pour et le contre sous prétexte que leurs antinomies sont inhérentes à l'esprit humain, les économistes, plus naïfs, se figurent que leurs idées incomplètes sont la vérité même, et que les idées contraires constituent un danger social.

« Si la concurrence avait toujours régné sans obstacle, disent les uns, si elle avait pu se développer dans toute sa plénitude au sein des sociétés humaines, telle est la force virtuelle, telle est la puissance, l'inépuisable fécondité de ce principe, que l'humanité aurait marché de progrès en progrès et avec une rapidité sans cesse croissante vers un avenir de bien-être, de prospérité, de richesse générale dont elle n'a peut-être pas la moindre idée. Envisagée de cette manière, la concurrence parait en effet le principe par lequel la production humaine se soutient et grandit sans cesse. Grâce à elle, le boulanger trouve toujours à acheter de la farine, le meunier du grain, l'agriculteur des instruments de labour; grâce à elle, toutes les industries se complètent et se facilitent le travail les unes aux autres en même temps que le prix de revient diminue de plus en plus; l'aisance et la prospérité grandissent au point que, dans les grands centres de production, les objets les plus recherchés finissent par se trouver à la portée des bourses les plus modestes. »

Telle est la théorie soutenue par les uns; écoutons les autres : « La concurrence engendre tous les malaises et toutes les misères sociales; au lieu de faire prospérer les industries, elle les entrave, les paralyse. C'est par elle que naît la surproduction, par elle que sont jetés journellement sur le pavé des quantités d'entrepreneurs ruinés et des milliers d'ouvriers affamés, tandis que quelques privilégiés placés par le hasard dans la situation la plus avantageuse s'enrichissent aux dépens de tout le monde. Par elle le fort enlève au faible la nourriture nécessaire à sa subsistance quotidienne; par elle enfin les nations s'étouffent l'une l'autre, s'épuisent et se consument; les plus puissantes cherchent à envahir tous les marchés, à y faire prédominer leurs produits, à en régler le cours, à y régner en maître. »

Les deux théories, absolument contraires, aboutissent à des conclusions logiques, mais opposées l'une à l'autre. Toute entrave à la concurrence est un désastre public! disent les uns. Sa liberté déréglée est la ruine sociale! répondent les autres.

La contradiction est l'épreuve de l'insuffisance de toutes les conceptions humaines. Les faits auxquels une idée n'est point applicable engendrent sous la même expression une seconde idée non moins insuffisante qui apparaît forcément comme la négation de la première. Le principe est posé, les conséquences suivent, et finalement les hommes en arrivent aux luttes les plus âpres pour défendre les uns contre les autres des idées également erronées.

La concurrence que l'individu se fait à lui-même. — Supposons qu'un homme ait si bien coordonné ses efforts dans son travail que les résultats dépassent le but qui lui avait été imposé par ses besoins. Dans ce cas, de deux choses l'une : ou il abandonne les produits excédants, tout comme le sauvage laisse l'arbre abattu après en avoir mangé quelques fruits, ou il les emploie à réaliser des projets nouveaux; avec l'accroissement de ses ressources ses vues se sont étendues, ses idées élargies; des goûts et des désirs inconnus jusque-là se sont révélés à lui, et, s'il parvient, par un surcroît de zèle, à satisfaire pleinement ces nouveaux besoins, le même phénomène que nous observions tout à l'heure se reproduisant, cet homme est, par son activité, poussé à de nouvelles entreprises. Il devient, pour employer le langage courant, de plus en plus riche.

Supposons un autre homme qui, porté par ses besoins au travail, ne parvient, par les résultats atteints, qu'à en satisfaire une partie. Il sera forcément obligé de se contenter de la satisfaction de ses besoins les plus sérieux. Mais ces besoins, à peine satisfaits, renaissent. L'homme reprend son travail, qui encore une fois ne répond pas à ses espérances, et de ses besoins les plus sérieux il ne satisfait plus que les plus urgents. Le même fait se renouvelant successivement, cet homme devient de plus en plus misérable et insensiblement se dégrade au physique et au moral.

Dans ces deux cas il n'existe point de trace de concurrence, du moins de cette concurrence dont les auteurs vantent les bienfaits ou déplorent les iniquités; et cependant nous y observons tous les phénomènes attribués par les auteurs soit aux bienfaits, soit aux iniquités de la concurrence. De plus, aucune liberté ne modifiera les facultés, la puissance de travail du premier de ces deux hommes, aucune réglementation ne modifiera les besoins du second. Les effets qui dérivent de leur travail et de leurs besoins sont déterminés par le principe de la solidarité qui existe entre la production et la consommation, régies par la loi de leur coordination.

La concurrence que les hommes se font entre eux. — L'état social et les relations par lesquelles il existe ont pour effet d'augmenter les ressources des individus et de faciliter la tâche qui est imposée à chacun d'eux, tantôt en unissant, en simplifiant et en coordonnant le travail, tantôt par l'échange des produits. Par leurs progrès les hommes deviennent capables de se procurer une foule de jouissances et de moyens de production qu'il leur serait impossible d'acquérir si chacun d'eux était réduit à se suffire à lui-même. L'un produit pour vendre à un autre ce que celui-ci a le plus grand avantage à se procurer chez lui; un marchand achète aux habitants d'un pays pour revendre aux habitants d'un autre des produits que ces derniers n'auraient pu aller chercher eux-mêmes; ceux-ci à leur tour travaillent ces produits et les revendent aux premiers qui les rachètent, et ainsi chacun, poussé par la nécessité de satisfaire les besoins propres, s'efforce de contenter les besoins des autres.

Cette émulation constante, qui existe de la même manière chez tous, est la concurrence, lorsqu'elle s'établit entre producteurs offrant la même marchandise ou entre consommateurs demandant le même produit. Ce mot a été créé pour désigner une forme particulière de l'émulation générale, laquelle est absolument identique avec celle que nous venons d'observer chez l'homme isolé lorsqu'il cherche à contenter ses besoins par son propre travail.

Si multiples que soient les formes de la production, si innombrables que soient les échanges, si intense que soit la concurrence elle-même, ce ne sont que des phénomènes secondaires du rapport qui existe entre les besoins d'un chacun et ses efforts pour les satisfaire. Tel est le principe; la concurrence n'est qu'un mot sur les effets duquel on pourra discuter des siècles sans parvenir à s'entendre.

La masse des efforts et des besoins individuels constitue non-seulement l'état économique, mais encore l'état social et politique d'un peuple; qu'il y ait des adroits et des incapables, des heureux et des malheureux, comme il y a d'honnêtes gens et des fripons, la liberté de la concurrence ou sa réglementation n'y changeront rien, pas plus qu'elles ne modifieront la solidarité qui existe entre les besoins et le travail d'un chacun.

Quant à l'ensemble des faits, il se résume encore, au point de vue économique, dans les deux mêmes formes, si simples, que nous avons signalées pour chaque individu isolé. Un état social produit-il moins qu'il n'existe en lui de besoins à satisfaire, c'est un appauvrissement insensible et la décadence matérielle et morale de la race qui commence. Produit-il, au contraire, plus que ne l'exigent les besoins du moment, et ces besoins s'étendent-ils avec sa production, alors il se trouve dans une voie continue de progrès et de prospérité.

Toutes les utopies qu'on a émises : liberté de la concurrence, division des revenus, partage des bénéfices, christianisation ou journée normale de travail, communisme et solidarisme, tout cela ne modifiera rien au phénomène. Chaque individu produit-il plus ou moins qu'il n'éprouve de besoins ? Quelle est dans un état social la moyenne de ce rapport ? Le progrès ou la décadence, les moments de crise ou de prospérité en seront toujours l'expression mathématiquement exacte.

Le progrès économique. — La formule du progrès telle que nous venons de l'établir vaut pour les individus comme pour les États. Le progrès ne réside pas dans le prix plus ou moins bas que nous payons les objets, ou dans leur abondance plus ou moins grande sur le marché; il provient uniquement de ce que la production dépasse les besoins du moment et de ce que les besoins croissent avec cette production. Tout arrêt est une crise, tout recul une chute.

Les théories sur la concurrence qui s'élèvent de nos jours si contradictoires n'ont aucune portée scientifique, mais prouvent par elles-mêmes que notre état économique traverse une de ces époques de crise ou de recul. En pleine prospérité nul n'aurait songé à glorifier ou à condamner ce prétendu principe. Mais de fait la somme des besoins dépassant la somme des moyens de production, des récriminations surgirent, et l'on se plaignit surtout de la concurrence.

Les uns démontrèrent que c'était par la concurrence que les prix tendaient sans cesse à baisser, et que la situation matérielle était devenue infiniment supérieure à ce qu'elle avait été autrefois; ce qui n'était qu'un non-sens, car c'était admettre que le confort dont jouissent les hommes est autre chose que la satisfaction qu'ils éprouvent. D'autres, au contraire, envisageant surtout ces besoins, déplorèrent les effets de la concurrence et réclamèrent pour les besoigneux une part plus grande dans les produits; ce qui fut un autre non-sens: si le confort est une fonction des besoins, les produits en sont une du travail, et si celui-ci ne s'accroît point, une consommation plus grande des produits n'est qu'une ruine en plus.

De la spéculation. — Ah! si les théoriciens, au lieu de s'en prendre à la forme très-secondaire de la concurrence, étaient remontés jusqu'à la spéculation économique, ils se seraient rapprochés davantage du principe véritable de la production et de la consommation humaine, et auraient peut-être pu parvenir à s'entendre.

La baisse et la hausse des prix, la plus ou moins grande abondance des produits sur le marché sont l'effet de la spéculation, et non pas de la concurrence.

Un fabricant qui possède un brevet ou un monopole se demande s'il doit livrer son produit en petite quantité et à un prix élevé, ou étendre ses débouchés en produisant en plus grande quantité et à un prix moindre. La concurrence n'a rien à voir à ce fait, puisque le marchand a un monopole; il en est de même de toute hausse ou baisse des prix.

L'homme produit pour consommer et consomme pour produire. Aussi, comme on ne peut supposer qu'il soit assez insensé pour s'aventurer au hasard dans un travail dont il n'a pas prévu les résultats avantageux, on conçoit aisément qu'il lui faille d'abord chercher à prévoir la consommation future pour déterminer à l'avance la nature et la quantité de sa production. Cette opération préliminaire, qui doit forcément avoir lieu, constitue précisément la spéculation économique.

Peu importent les éléments qui influent sur notre décision, que ce soit le travail ou la situation d'un concurrent plus heureux, l'espérance d'une récolte abondante, la prévision d'une disette, la crainte d'une guerre prochaine, l'attente d'un événement politique, la découverte de quelque machine ou la simple satisfaction d'un besoin futur, tout fait susceptible de modifier notre travail ou d'en changer les résultats donnera toujours lieu, au point de vue économique, à une spéculation. Nous pratiquons tous individuellement la spéculation chaque jour pour nous-mêmes; car tous nous nous efforçons constamment de simplifier notre tâche et de diminuer notre peine, tout en nous efforçant d'en tirer une satisfaction plus grande. Nous pratiquons la spéculation surtout à propos du travail que nous faisons pour satisfaire les besoins de nos semblables dans le but de pourvoir plus facilement encore aux nôtres. La spéculation naît tout aussi naturellement des échanges que les individus font entre eux que de notre propre travail; et si dans la société ceux-là parviennent à jouir du plus grand bien-être qui savent le mieux coordonner leurs efforts avec la nature des besoins étrangers à satisfaire, ceux-là aussi y réussissent le mieux qui savent le plus habilement spéculer sur les besoins de leurs semblables.

Ces besoins à venir, nous ne pouvons pas les prévoir à coup sûr, et nous avons fait remarquer déjà que, quelles que soient la force de l'habitude et la puissance des traditions, nous ne sommes jamais absolument certains que notre production d'aujourd'hui aura plus tard de la valeur sur le marché; mais il y a toutes chances pour cela si notre travail se rapporte à des objets de première nécessité ou si à la suite d'une connaissance approfondie de l'état du marché, nous devinons dans les événements actuels la situation industrielle et commerciale de l'avenir.

La spéculation règle à l'avance l'état du marché, prévient les erreurs et les mécomptes, empêche les arrêts subits, les changements trop brusques, les secousses dangereuses; véritable régulateur, elle a, en un mot, pour fonction de détourner et de conjurer les crises et les perturbations sociales. On comprend dès lors l'extension qu'elle a prise : on ne spécule plus seulement sur les besoins essentiels, on spécule aussi sur les besoins les plus futiles, sur les caprices les plus passagers, on spécule sur la bonne ou la mauvaise fortune des particuliers comme sur celle des États; on spécule sur l'état de la spéculation qui devient comme le grand souffle de la vie économique.

Les Bourses. — De là la création des Bourses, lieux

publics où l'on se réunit pour discuter les valeurs des produits en cours et les tendances du marché. Elles permettent à l'industriel de modifier sa production en prévision des ressources à venir, au négociant de spéculer sur la nature probable de la consommation future, et démontrent une fois de plus la solidarité profonde, constante, qui règne entre la production et la consommation.

Ceux qui ont contesté l'utilité pratique des Bourses ont oublié que c'est grâce à une spéculation de mieux en mieux entendue que l'on arrive à établir la coordination la plus parfaite possible entre les besoins et les efforts des hommes, à leur donner l'assurance, à les diriger, à les éclairer dans leurs entreprises, et que les ruines, les crises ne proviennent que de ces spéculations irréfléchies qui font que l'on vend ou que l'on achète des valeurs chimériques, n'ayant aucune représentation réelle, ne reposant que sur des espérances sans fondement, sur des probabilités illusoires; spéculations qui dégénèrent le plus souvent en un jeu déshonnête, exploitation révoltante des maladroits trop crédules par les habiles de mauvaise foi, causes incessantes de troubles et de déchirements.

Les fausses spéculations. — Il y a deux espèces de fausses spéculations : les unes, qui sont plutôt des spéculations malheureuses, ont pour source l'inintelligence ou le manque de perspicacité; les autres, les fausses spéculations proprement dites, supposent toujours la mauvaise foi et la déloyauté chez leurs auteurs. Loin de chercher à équilibrer la valeur actuelle des choses et leur valeur future, ou la valeur relative d'une même marchandise à deux époques différentes, ces dernières consistent simplement à tirer parti des passions et des faiblesses humaines, et n'ont d'autre résultat que l'enrichissement de quelques faiseurs aux dépens de leurs dupes. Ce ne sont plus, en un mot, des entreprises commerciales et industrielles, mais de véritables actions criminelles; qu'elles soient ou non poursuivies par les lois, elles ont les plus douloureux effets sur la situation économique des particuliers et des États.

Les fausses spéculations sont comme les guerres, les oppressions iniques, les crimes et les délits de tous genres; elles désorganisent fatalement les sociétés si elles se prolongent. Il ne suffit pas d'en reconnaître les dangers pour les écarter; il ne suffit pas d'être convaincu que les spéculations honnêtes et intelligentes sont seules capables d'assurer le bien-être et la prospérité; pour qu'elles finissent par triompher, il faut que les hommes s'élèvent à un degré suffisant de développement intellectuel et moral pour que les spéculations imprudentes et malheureuses disparaissent en même temps que celles fondées sur la déloyauté et la mauvaise foi; les premières ne sont que la matière des secondes.

Dans cette question toutes les théories économiques possibles ont leur raison d'être, parce qu'elles se trouvent en présence d'un principe réel et précis. Les partisans du « laisser-faire », du « laisser-passer », si juste que soit leur doctrine pour les spéculations honnêtes, n'hésitent pas un instant à reconnaître qu'elle serait désastreuse en ce qui concerne les fausses spéculations; et les enthousiastes de la réglementation du capital et des effets de la concurrence, aussi chimériques que soient leur griefs contre ces deux formes de la production, indifférentes et inoffensives en elles-mêmes, se transforment en accusateurs invincibles lorsqu'ils s'attaquent à la même plaie sociale. C'est un point sur lequel tout le monde est d'accord.

Les fausses spéculations dans la science économique. — Malheureusement, dès que les économistes touchent à ce sujet, ils sortent du domaine de l'économie politique. Relever la moralité des uns, c'est s'occuper de l'éducation publique; accroître l'instruction des autres, c'est fonder des écoles populaires, des écoles spéciales, c'est répandre et accroître sous toutes les formes les connaissances commerciales et industrielles; enfin, prévenir les abus qui dérivent de l'immoralité et de la sottise, c'est refaire la législation, veiller à la sécurité et à la garantie des droits, et tout cela n'est plus de l'économie politique.

Il est infiniment plus facile de se livrer à son tour à de fausses spéculations en matière économique. Se bercer dans la douce illusion du laisser-faire et du laisser-passer ou se complaire dans le vaste rêve d'une répartition meilleure du capital et de la concurrence, est incomparablement plus aisé que d'approfondir les questions et de s'assurer que l'ouvrier qui réclame un sort meilleur sans accroître son travail fait une aussi fausse spéculation que le capitaliste qui place son argent dans des entreprises destinées à ruiner autrui; les deux poursuivent le même but. L'économiste sérieux ne peut que constater les faits et signaler les dangers qu'ils renferment. Il n'existe pas de malaise privé ou public, pas d'opposition ni de mécontentement social qui ne prenne ses sources dans de fausses spéculations : spéculations dans lesquelles les efforts du moment ne sont pas coordonnés avec les besoins à venir ou les besoins actuels avec les efforts futurs; spéculations qui, lorsqu'elles prennent certaines proportions que nous nous efforcerons de déterminer soigneusement, prennent le nom de désorganisation sociale, prélude de la disparition des États.

CHAPITRE XII

DE LA COORDINATION DES FORMES DU TRAVAIL.

Des services productifs. — Les physiocrates, et à leur suite Ad. Smith et Ricardo, ont distingué les classes sociales en *productives* et *stipendiées;* les premières qui concourent directement à la fabrication des produits, les secondes qui vivent de leurs revenus ou bénéfices. J. B. Say s'éleva contre cette distinction. Il écrit dans ses *Mélanges et Correspondance d'économie politique :* « Loin d'ébranler les célèbres *Recherches sur* « *la richesse des nations,* je les appuie dans ce qu'elles « ont d'essentiel, mais en même temps je crois qu'Ad. « Smith a méconnu des valeurs échangeables très- « réelles, ne connaissant pas celles qui sont attachées « à des services productifs qui ne laissent aucune trace « parce qu'on les consomme en totalité; je crois qu'il a « méconnu des services très-réels également qui même « laissent des traces dans des produits matériels; tels « sont les services des capitaux, consommés indépen- « damment du capital lui-même; je crois qu'il s'est jeté « dans des obscurités infinies, faute d'avoir distingué « pendant la production la consommation des services « industriels d'un entrepreneur des services de son ca-

« pital; distinction tellement réelle cependant, qu'il « n'est presque pas de société de commerce qui ne « contienne une clause qu'il faut y rapporter[1]. »

Cette opinion de J. B. Say fut en son temps un progrès considérable. Elle ajouta au travail matériellement productif tous les services qui donnent à ce travail sa valeur entière; esprit d'entreprise, direction, crédit, vente, etc., services qui aussitôt rendus sont consommés et n'en contribuent pas moins à donner leur caractère véritable aux produits.

Objections à la théorie des services. — Les écoles socialistes ne se firent point faute de suivre J. B. Say à leur tour. « Si quelqu'un me rend un service, je lui en dois de la reconnaissance, et un jour, si les circonstances le permettent, je le lui rendrai avec plaisir, c'est mon devoir. Mais m'obliger d'avance, par exemple, au remboursement d'une somme prêtée et de tous ses intérêts, sous peine d'exécution judiciaire, est un service pour le moins étrange et surtout immoral, parce que dès le premier moment il m'ôte la liberté et m'impose des charges que je suis forcé de remplir sous peine de m'exposer moi et les miens à toutes les misères. Par lui-même, l'argent ne rapporte rien; si au bout de l'année mille francs doivent en valoir mille cinquante, c'est par mon travail et mes efforts, et non par ceux du capitaliste qui me les a prêtés. Il en est de même de la direction et de toutes les améliorations imaginables de mon travail. Cette direction, c'est moi, le travailleur, qui dois la

[1] *Cours complet d'économie politique pratique*, Correspondance avec M. Malthus, première lettre, p. 622. — Bruxelles, 1884.

subir; ces améliorations, c'est moi, le travailleur, qui dois les réaliser; j'en suis d'autant plus reconnaissant pour les services qu'on me rend, mais à la condition qu'on ne fasse pas de moi une simple machine exploitée à taut par heure. »

Tous ces raisonnements ne pèchent que par un côté : en économie politique il n'existe point de services rendus.

Fausse distinction des valeurs. — La distinction de J. B. Say des formes de travail en services productifs et en services aussitôt consommés que produits, considérée à la façon des socialistes, forme une de ces nombreuses antinomies qui loin d'éclaircir la science l'obscurcissent. Cette distinction fut un progrès sur l'opinion d'Ad. Smith et des physiocrates, qui n'admettaient que des producteurs purement matériels; élevée à la hauteur d'un principe, elle ouvre, comme chaque antinomie, la voie à toutes les contradictions.

Chaque production n'est une valeur qu'à la condition d'être consommée; qu'elle le soit plus ou moins vite n'est pas un principe de classification.

Et tout acte qui concourt à une production est une entreprise, une affaire, qui peut être heureuse ou malheureuse, entraîner une perte ou un bénéfice, mais dont on ne saurait faire, au point de vue économique, un service, sous peine de confondre cette science avec la morale, et de faire perdre à chacune d'elles ses caractères.

Enfin, il n'existe aucune distinction de principe entre les différents actes qui concourent à une production : le commissionnaire qui porte un objet d'un endroit à un autre, l'agriculteur qui prend le grain dans la grange pour le mettre en terre, ne produisent point par eux-mêmes. Et l'ouvrier, lorsqu'au lieu de m'offrir un minerai de fer il me présente un fer désoxydé, qu'a-t-il fait autre chose que faire changer de place à l'oxygène?

De la formation des produits. — Je consomme en ce moment cette feuille de papier que je noircis de mon écriture. Mais ce papier, avec son écriture, est destiné à devenir un livre; l'imprimeur aura des typographes qui le composeront, des protes pour le corriger, des ouvriers pour le tirer; il enverra les feuilles au brocheur; celui-ci l'expédiera à l'éditeur, qui le vendra aux libraires, lesquels le mettront à la disposition du public; le public le lira ou ne le lira pas, en profitera ou n'en profitera pas; la valeur du livre peut avec le temps devenir nulle ou fort grande.

Suivons le sort de cette feuille de papier en sens inverse. Elle provient de mon papetier qui, sur ma demande, m'en a envoyé une rame. Lui-même l'a reçue d'un marchand de papier en gros qui la tient du fabricant, lequel grâce à ses ouvriers, ses employés, ses machines, a pu la prodnire après en avoir reçu la matière première du propriétaire d'un dépôt de chiffons, qui les avait recueillis d'un monde de chiffonniers qui étaient allés ramasser ces chiffons aux coins des rues.

Depuis la valeur insignifiante du chiffon jeté comme une non-valeur dans la rue, combien de temps s'est-il écoulé? combien d'êtres humains dans toutes les conditions et sous toutes les formes, ont contribué à ce double résultat : l'écriture mise sur cette feuille, la composition de ce livre? combien en ont vécu, ont éprouvé des joies et des peines, sont morts à la tâche? Et depuis les chiffons recueillis dans la boue qui sont devenus ce livre, jusqu'au chiffon qu'il redeviendra, tous ceux qui y ont touché d'une manière quelconque, chiffonniers, fabricants, ouvriers, marchands en gros et en détail, auteur, imprimeur, éditeur, libraire, lecteurs, tous ont dû se nourrir, se vêtir, habiter; les machines, les habitations, les magasins ont du être construits; les moyens de communication, de relation et de transport établis, les instruments inventés, les vêtements confectionnés, la nourriture produite, et tous, depuis l'éditeur jusqu'au moindre ouvrier, ont dû être élevés et instruits pour être devenus aptes à remplir chacun sa besogne.

J'ai choisi cet exemple parce qu'il s'est trouvé sous ma main; j'aurais pu en prendre un autre; il nous aurait conduit au même résultat. Chaque produit économique, de quelque nature qu'il soit, suppose dans un état social toute la somme des formes et des forces productives, tout le développement industriel et commercial, dont les causes premières se perdent dans la nuit des temps et dont les effets se répandent dans toutes les directions.

Or, dans ce mouvement immense, continuel, dans lequel le présent dépend du passé, l'avenir du présent, où chaque produit dépend d'un autre, chaque travailleur de son voisin, il n'est pas une seule fois question d'un service rendu. Tous travaillent pour satisfaire leurs besoins, et chacun coordonne ses efforts de façon à y parvenir le mieux possible, en coordonnant ses efforts avec les efforts des autres.

Dépendance des produits. — Il en résulte qu'une dépendance complète régit la production d'un chacun comme la production de tous. Des livres du treizième, du dix-septième siècle et du nôtre diffèrent entre eux, autant que l'état l'intellectuel, industriel et commercial des trois époques. Mais ils sont de la même manière les produits de la coordination du travail de leurs producteurs, et des besoins éprouvés de leurs temps.

Un chiffon de mauvaise qualité, que le chiffonnier ramasse par distraction, passe par toutes les mains en se transformant, et arrive sous celles de l'auteur, dont l'encre s'empâte, ou chez l'imprimeur, dont il gâte le travail. Au contraire, un plus grand soin apporté dans le choix de ces chiffons rend leur vente et leur achat moins difficiles, et étend leur influence jusqu'à la valeur du papier et du livre.

Il en est de même de tout travail, quels que soient sa forme, la matière sur laquelle il s'exerce et son produit définitif. Quant à sa valeur, elle ne dépend ni du service rendu, ni même des progrès du travail, mais uniquement, comme toute valeur, des besoins qu'il est destiné à satisfaire.

Dépendance des valeurs. — Depuis la motte de terre soulevée par le paysan ou la boue balayée dans la rue, jusqu'à la création des chefs-d'œuvre les plus remarquables des arts et des sciences, toute la besogne doit être accomplie; et toutes les formes de cette besogne, de la première à la dernière, sont dépendantes les unes des autres. Il en est de même des besoins en vue de la satisfaction desquels chaque besogne est accomplie.

Un peintre a besoin, pour achever un tableau, de certaines couleurs; il appelle un commissionnaire pour aller les chercher. Ce service, aussitôt qu'il sera rendu, sera consommé, tandis que le peintre espère que son tableau deviendra une œuvre immortelle d'une valeur inestimable.

L'homme, pour faire la commission, demande trop cher; le peintre va prendre lui-même les couleurs; il achève le tableau, qui est exposé au Salon, mais n'y trouve pas d'amateur parce que le prix que son auteur en demande paraît à son tour trop élevé.

Cet exemple à lui seul montre trois choses :

1° Quelle que soit la valeur à laquelle nous estimons nos actes ou nos produits, cette valeur dépend des besoins que les autres éprouvent de profiter de ces actes ou d'acquérir ces produits.

2° Si tous les actes qui concourent à une production se soutiennent, s'enchaînent, il en est de même des besoins, chacun estimant ses actes ou ses produits selon ses besoins propres.

3° Les actes les plus simples comme les produits les plus élémentaires qui concourent à une production doivent être de toute nécessité les moins coûteux, sinon la production est irréalisable et la satisfaction de tous les besoins successifs impossible.

Cette dépendance des besoins les uns des autres, aussi bien que celle des différentes formes du travail, n'est que l'expression de la marche parallèle de la consommation et de la production dans leur constante solidarité.

Les générations se transmettent aussi bien les formes de leur production que la nature de leurs besoins; les produits, de non-valeurs qu'ils étaient à leur origine, retombent par l'usage à l'état de non-valeurs, et pendant ce temps les hommes vivent, jouissent ou souffrent, selon que leur travail et leurs besoins se coordonnent entre eux.

De la solidarité sociale. — Tous les progrès, mais aussi toutes les oppositions que l'on rencontre dans un état social, proviennent de la spéculation économique, tandis que la solidarité des différentes formes du travail, et des besoins qui leur répondent, constitue les assises mêmes de l'état social.

Que par la spéculation, par l'ambition de réaliser des gains et des profits, ces assises viennent à se rompre, l'existence de l'état social se trouve compromise.

Si par la spéculation les matières premières et les formes les plus simples du travail ne deviennent pas de moins en moins coûteuses, et si les œuvres les plus achevées du génie humain et les efforts qui les produisent ne sont pas de mieux en mieux rémunérés, conformément à la loi des prix [1], l'état social, loin de progresser, marche de crise en crise et ne fait que déchoir. La solidarité entre la production et la consommation est rompue.

Les écoles socialistes, mieux que les économistes, ont compris la dépendance profonde qui existe non-seulement entre les produits, mais encore entre les besoins qui leur ont donné naissance; mais elles n'ont saisi cette dépendance que dans sa portée politique, sans en comprendre la grande portée sociale.

[1] Voir page 102.

Un jour les hommes, mécontents de la quantité inégale de lumière et de chaleur qui leur était envoyée par le soleil dans les différentes contrées de la terre, supplièrent le dieu de l'astre de rendre la part de chacun égale. Le dieu acquiesça à leur demande, et le lendemain, ayant changé de direction, les pays équatoriaux gelèrent, les septentrionaux brûlèrent, à peine quelques contrées du centre conservèrent leur chaleur normale, et les hommes conjurèrent le dieu de reprendre son cours.

Il en serait absolument de même de l'application de n'importe quelle doctrine socialiste. La solidarité naturelle serait interrompue : les riches recevraient moins, les pauvres davantage, les misères de tous ne feraient que croître, les uns gèleraient, les autres brûleraient, jusqu'à ce que la solidarité naturelle, spontanée, qui existe entre la production et la consommation de tous reprenne son cours.

A chaque acte répond un besoin, à chaque besoin un acte, et par la vie sociale et les échanges qu'elle entraîne, les besoins des uns sont satisfaits par les actes des autres, et les actes de ceux-ci contribuent à la satisfaction des besoins des premiers; que ces rapports se gâtent, que les besoins de ceux-ci dépassent les moyens qu'ont les autres de les satisfaire, que les moyens des premiers ne répondent pas aux exigences des derniers, la vie sociale se trouble, les échanges se corrompent, non faute de solidarité, mais précisément à cause de la solidarité qui existe entre tous.

Nous examinerons en économie sociale les conditions et formes de ce grand phénomène, et nous montrerons comment les doctrines des économistes, aussi bien que celles des socialistes, loin d'avoir une portée scientifique, ne sont en réalité que l'expression des différentes ambitions qui momentanément gouvernent notre état social. Elles sont des théories politiques; elles ne sont pas des doctrines économiques.

CHAPITRE XIII

DE LA RÉPARTITION DES PRODUITS.

Le produit et ses bénéfices. — Il n'y a, malgré l'apparence contraire, aucune différence entre les produits et les bénéfices; ils constituent un seul et même phénomène économique; il n'y a point de bénéfice qui ne soit un produit, et il n'y a point de produit qui ne représente, sous une forme ou sous une autre, un bénéfice.

Certes, si l'on se contente d'ouvrir les livres d'un commerçant ou d'un industriel afin d'y voir le prix de revient et le prix de vente d'un objet, pour déterminer par ce moyen ce qui constitue le produit et les bénéfices, on s'en fera une notion fort différente, mais qui, n'embrassant pas l'ensemble du phénomène, sera toute particulière, sans portée générale et scientifique.

Jamais un produit ne constitue une perte absolue; il ne serait pas un produit; il représente toujours, sous quelque forme que ce soit, un bénéfice relatif. Le commerçant qui vend le produit peut faire une perte en le cédant à un prix moindre qu'il ne l'a acquis; mais le fabricant peut y avoir fait un profit considérable en le vendant au marchand. Un même produit peut représenter une perte pour l'un, un bénéfice pour l'autre, et donner lieu aux interprétations les plus contraires. Transportés dans la science, ces faits individuels donnent naissance aux doctrines les plus opposées, sans qu'aucune soit fondée sur autre chose que ce qu'il plait d'appeler bénéfice aux uns et perte aux autres.

Supposons que l'addition des bénéfices inscrits dans tous les livres des commerçants et industriels de France nous montre mathématiquement un solde en faveur de chaque commerçant, de chaque industriel. Ce résultat peut être obtenu par une baisse générale des salaires : il ne représentera en ce cas que l'appauvrissement du grand nombre au profit de quelques-uns. L'inverse peut également se présenter : tous les commerçants et industriels peuvent se trouver en perte, tandis que le bien-être général se sera accru.

A ce point de vue, qui est le seul scientifique, la question des bénéfices, comme celle des profits et pertes, change complétement de caractère et se transforme en celle de la répartition des produits.

Impossibilité de fixer les parts dans les produits — Quelles sont les parts qui reviennent ou sont revenues à chacun de ceux qui ont contribué à la confection de cette feuille de papier sur laquelle j'écris?

Depuis le chiffonnier qui en a ramassé la matière première jusqu'au papetier qui l'a vendue, tous l'ignorent.

La part dans la production est tellement difficile à déterminer que les économistes eux-mêmes ont été conduits à admettre que l'on ne vend pas cette part, mais seulement le travail. Nous avons vu que l'homme ne vend pas plus son travail que sa faim et sa soif; mais il vend toujours, sous quelque forme que ce soit, les effets de son travail, c'est-à-dire sa part dans le produit. Où s'arrête, où commence dans ces conditions le produit? Cette feuille de papier, dès qu'une ligne s'y trouve écrite, redevient un chiffon, et ne reprend une valeur nouvelle qu'à la condition de devenir un produit nouveau, de la copie, par exemple. Et si l'on suit cette feuille jusqu'à sa transformation en livre, on peut arriver à se former une notion vague de ce qui constitue la production économique, mais on se trouve dans une impossibilité absolue de déterminer d'une manière quelque peu scientifique la part revenant à chacun de ceux qui, d'une façon quelconque, ont contribué à fabriquer et à faire acheter le livre. Le livre lui-même, aussitôt acheté, perd de sa valeur, devient un livre vieux et se transforme en valeur nouvelle en raison du profit qu'en retirera son lecteur. De même que chaque globule de notre sang devient tour à tour véneux et artériel, chacun de nos produits se transforme successivement en perte et bénéfice.

En opposant le prix de vente au prix de revient, les bénéfices aux pertes, on méconnait non-seulement le caractère fortuit de ce qu'on appelle, selon les circonstances, bénéfice ou perte, mais on commet une seconde erreur en raisonnant comme si les signes monétaires, en passant de main en main, représentaient une plus-value réelle des produits.

L'instrument d'échange, tout en ayant sa valeur propre, ne représente que le moyen de comparaison des valeurs produites et échangées. Si donc l'achat ou la fabrication de produits donne par le prix de leur vente un excédent, c'est que ce dernier prix représente une plus-value du produit sur sa valeur première. Hors de là tout bénéfice n'est qu'illusoire. Si considérable que soit la différence entre la somme déboursée et la somme encaissée par le marchand où l'industriel, du moment que le produit n'a pas acquis une plus-value réelle pour l'acheteur, le prix payé constitue, au point de vue économique, une perte, des efforts vainement accomplis.

Toute valeur dépend des besoins à satisfaire; il en est de même des bénéfices : ils représentent non pas une plus-value dans la production, mais une plus-value dans la consommation, et au point de vue général : la répartition de produits suivant les besoins qu'ils sont destinés à satisfaire.

La répartition des produits selon les besoins est, toutefois, non moins difficile à déterminer que la part revenant à chacun dans leur création.

Le travail de chaque dissipateur vaudrait, suivant ses besoins, des sommes incalculables, tandis que celui de l'homme économe et sobre se réduirait au minimum nécessaire à son existence.

La prétendue loi d'airain des salaires de l'école socialiste, en présence de l'insouciance de nos classes ouvrières en matière de dépenses, n'est qu'une forme paradoxale donnée à l'impossibilité d'évaluer les parts de produits d'après les besoins.

C'est par la coordination de leurs efforts et de leurs besoins que les hommes parviennent à constituer un état social, à vivre et à progresser en lui et par lui. Sans cesse ils produisent pour consommer et consomment pour produire. Il en résulte pour la répartition des produits, si insaisissables que soient leurs transformations successives, si longtemps qu'ait duré leur fabrication et si nombreux que puissent être les individus qui y ont participé, que tous n'ayant travaillé qu'en vue de leur consommation personnelle, cette consommation a dû être satisfaite, instinctivement, fatalement, par la répartition des produits.

C'est encore la même grande loi sociale qui apparait sous une forme de plus en plus complexe. Après la coordination de nos actes dans le travail social, cette loi nous conduit à celle de la coordination de nos besoins dans la répartition des produits.

Notre travail peut être bien ou mal fait, de même la répartition des produits peut être équitable ou inique; cela ne dépend pas de la nature des produits, ni de ce qu'il nous plaira d'appeler bénéfices ou pertes, mais de la nature de la coordination des besoins des uns avec ceux des autres.

Portée historique de la répartition des produits. — Les hommes éprouvent un grand nombre de besoins physiques, intellectuels et moraux qui ne relèvent de l'économie politique qu'autant que la satisfaction qui leur est donnée s'attache à un objet matériel. Leur côté moral ou intellectuel échappe à l'économiste; l'économiste s'arrête à la constatation que la production des objets dépend de nos besoins et que cette production ne croit qu'à la suite de l'augmentation des besoins, leur cause première. Or les peuples ne progressent dans leur production qu'à mesure qu'ils parviennent à coordonner de mieux en mieux leurs efforts; ils ne progressent de même dans leur consommation qu'à mesure qu'ils arrivent à répartir de mieux en mieux les résultats de ces efforts.

Ainsi que les arbres étendent leurs rameaux à mesure que leurs racines grandissent, les progrès de la production croissent avec ceux de la répartition des produits. La solidarité fatale qui règne entre les uns et les autres entraîne les crises et les révoltes; et lorsque les peuples arrivent à briser l'accord entre la répartition des produits et leurs efforts dans la production, ils s'étiolent et meurent comme les arbres qui ont perdu leurs racines. Les feuilles tombent, les rameaux se dessèchent, et le moindre choc abat un tronc pourri.

La loi économique de la coordination de nos efforts en vue de la satisfaction de nos besoins se transforme en une loi de l'histoire, quand on l'applique à ce qu'il nous plaît d'appeler les bénéfices : à tel point le fait économique, dans son ensemble, se distingue du fait particulier observé dans un livre de comptes.

Parmi les questions que soulève la vie d'un peuple, aucune n'en pénètre plus profondément les conditions d'existence que la question de la répartition des bénéfices. La coordination des efforts dans la production constitue l'état social d'un peuple; la coordination dans la répartition des produits ou bénéfices en constitue l'histoire.

Cette histoire se déroule suivant quelques règles fort simples, mais en chacune d'elles on retrouve, sous une forme particulière, les mêmes caractères de progrès ou de désorganisation de l'état social.

L'art de l'économie politique, défini par le maître de Colbert [1], y peut, jusqu'à un certain point, porter remède; toutes les théories du monde n'y changeront rien.

[1] Voir page 49.

CHAPITRE XIV

DE LA RENTE.

Origines de la rente. — « Le premier qui entoura son champ d'une haie et dit : Ceci est à moi, fut le premier propriétaire »; telle est la théorie; en réalité, le premier qui exposa sa vie pour détruire les fauves auxquels appartenait la forêt, qui la défricha, cultiva le sol et au péril de ses jours continua à défendre les fruits de son travail à la fois contre la nature, les bêtes et les hommes, fut non-seulement le premier propriétaire, mais encore le fondateur de la civilisation humaine.

Lorsque des usages, des coutumes, des traditions régulières de possession pacifique et de jouissance du sol se furent formés et que, grâce à eux, des milliers d'habitants parvinrent à vivre côte à côte dans les mêmes endroits où originairement quelques individus étrangers les uns aux autres avaient eu peine à subsister, les formes de la propriété suivirent tous ces progrès. Elle devint propriété bâtie et non bâtie, propriété de luxe et de rapport, propriété de ville et de campagne, de jardins, de forêts, de prairies, de champs, simple nue propriété, propriété d'usufruit, etc., et l'on paya pour en avoir la jouissance des redevances, des fermages, des tributs, des dimes; en un mot, ce qui, sous ces différentes désignations, constitue la rente.

La rente représente au même titre que le droit de possession immédiate la propriété du sol, mais à condition de la jouissance des avantages que le propriétaire pourrait en retirer.

Tel est le sens réel de la rente. Payée sous des formes multiples au possesseur de la propriété foncière, elle est la condition première de la production et de la répartition des produits de cette propriété; elle est l'expression d'un besoin double : du besoin du propriétaire de vivre de l'immeuble qu'il possède, et du besoin de celui qui est entré en jouissance de l'immeuble d'avoir un endroit où il puisse à son tour vivre et exercer son travail. Elle est la forme la plus élémentaire et la plus primitive de la coordination de nos efforts et de nos besoins.

Hors la rente payée pour la jouissance de la propriété foncière, le vol, la violence, la guerre sont les seuls moyens de l'acquérir partout où le sol se trouve déjà occupé; mais ces moyens sont aussi un retour à l'état sauvage, avec cette aggravation que ce n'est pas à la nature brute et aux bêtes fauves qu'on arrache la propriété, mais à son semblable.

Les guerres des peuples civilisés ont pour objet la domination politique, et non l'acquisition de la propriété; par la dévastation et l'occupation violente de la propriété individuelle, elles reprennent le caractère de la guerre aux époques barbares, en anéantissant l'assise principale de la civilisation.

Le propriétaire, par cela seul qu'il accorde la jouissance de son bien en retour du payement d'une rente, contribue à la production de celui qui paye cette rente; celui-ci ne pourrait ni exercer son industrie ou son commerce, ni demeurer ou subsister sans la jouissance de l'endroit qu'il a loué.

Des théories sur la rente. — Ce caractère de la rente payée pour la jouissance de la propriété foncière a donné naissance à un monde de théories. On a vanté sa légitimité et ses avantages, on lui a reproché la tyrannie qu'elle exerçait; on s'est plaint de la charge dont elle accablait fermiers et locataires; on a insisté sur le rendement croissant qu'en retiraient sans aucune peine les propriétaires.

Les physiocrates, au siècle dernier, ont fondé la science économique sur l'hypothèse que le travail de la propriété agricole était la source de toute production, et l'on est arrivé de nos jours à prétendre que la propriété foncière n'avait d'autre valeur que celle payée pour les salaires et la subsistance de ceux qui l'exploitent.

On oubliait simplement que si l'industrie et le commerce contribuaient à l'accroissement de la production, ils contribuaient aussi dans les mêmes proportions à l'augmentation de la valeur de la propriété foncière.

Une terre non cultivée vaut à peu de chose près ce que valent les terres voisines; et le prix du mètre de terrain non bâti s'estime dans les villes au même taux que le terrain des habitations qui l'avoisinent. Ces faits seraient inexplicables si la valeur de la propriété foncière et le prix de la rente étaient déterminés par les salaires, ou le travail nécessaire à leur exploitation, et non par nos besoins et l'état du marché, comme la valeur et le prix de toutes choses.

La possession du sol est un besoin de l'homme et par cela même une valeur; la jouissance des fruits que l'homme en retire est un autre besoin et, par suite, une autre valeur. La première valeur constitue la valeur de la propriété, la seconde la rente; l'état du marché établit le taux de l'une et de l'autre. Cette possession et cette jouissance sont au même titre des phénomènes nécessaires à la coordination de nos efforts et de nos besoins; leur valeur croît en raison directe et diminue en raison inverse de cette coordination. Les guerres, les crises, les désastres publics font baisser leur valeur; les époques de prospérité la font hausser.

Aucune théorie, aucun système n'en modifieront la nature ni les effets. Supposons que le sol appartienne tout entier à l'État, la rente se payera sous forme d'impôt, et la valeur du sol constituera une valeur publique. Elle sera une valeur communale si le sol appartient, comme dans le « mir » russe, à la commune; mais, dans les deux cas, plus l'industrie, le commerce et avec eux la population croîtront, plus augmenteront de toute nécessité et la valeur du sol et les avantages de sa jouissance, la rente. Pour qu'il en soit autrement, il faudrait que la population augmente sans que les besoins augmentent, c'est-à-dire que la solidarité entre la production et la consommation s'arrête.

Abus de la rente. — Mais tout comme l'usage des droits de propriété[1], la perception de la rente, si légi-

[1] Voir page 73.

time qu'elle soit, peut donner lieu à des abus et à des excès de toutes sortes.

Une duchesse anglaise fait transporter ses paysans écossais en Amérique parce qu'elle trouve que des troupeaux de moutons lui donneraient des revenus plus considérables; elle fait ensuite vendre ses moutons et replanter ses terres en forêts parce qu'elle découvre que les plaisirs de la chasse sont encore préférables à des rentes en moutons. Portés à ce degré, le droit de propriété aussi bien que les satisfactions qu'on en retire sont la négation absolue de la coordination de nos efforts avec ceux des autres, et, généralisés, constituent une calamité publique.

Des effets semblables résultent de l'excès contraire. Un État comme la France, dont l'agriculture ne peut concourir avec la production d'États à terres vierges, d'une valeur insignifiante et à rente nulle, voit ses fermes abandonnées et souffre d'une crise continue. La cause en est, assure-t-on, à la valeur plus grande de la propriété et au taux plus élevé de la rente; la cause véritable est que les Américains parviennent à satisfaire nos besoins plus aisément que nos propres agriculteurs, par une plus grande coordination de leurs efforts, l'invention et l'usage de machines perfectionnées, de plus grandes facilités de transport, et cela malgré la distance qui est un obstacle au bon marché des produits pour le moins équivalent aux rentes que doivent payer les fermes françaises.

Si nous ne pouvons concourir avec les États-Unis, tâchons d'y parvenir par une meilleure coordination de notre travail; c'est le seul moyen sérieux de mettre un terme à la crise. Mais ne nous en prenons pas à la force même des choses; c'est de la sottise et la preuve que nous ne comprenons pas la nature de la question. Ou bien nous parviendrons, malgré les charges qui pèsent sur notre agriculture, à concourir avec celle des États-Unis, ou bien notre sol redeviendra terre vierge, à valeur insignifiante et à rente nulle. Ce qui arrivera précisément le jour où les charges qui pèsent sur notre agriculture auront disparu.

Nous ne prétendons point par là qu'il n'y ait aucune de ces charges qui ne soit abusive. Nous les examinerons en économie sociale et en économie publique; mais nous voulons dès maintenant déterminer le sens et la portée de la question. Lorsque les États-Unis jouiront d'une civilisation de deux mille ans, leurs agriculteurs se plaindront du poids de la propriété foncière et du taux excessif de sa rente, et peut-être ne pourront-ils plus concourir avec les produits des terres redevenues vierges en France.

De la façon dont nous nous y prenons, marchons-nous vers cette dernière fin ou vers le relèvement de notre situation agricole?

CHAPITRE XV

DE L'INTÉRÊT.

Caractère de l'intérêt. — Après la jouissance de la propriété foncière, la condition la plus essentielle de la production et de la répartition de ses produits est l'emploi de l'instrument d'échange.

Si à la place de quelques milliers de sauvages trente-sept millions d'habitants occupent le sol de la France et vivent paisiblement à côté les uns des autres, consomment et produisent sous des formes tellement multiples et coordonnées entre elles que leur production et leur consommation peuvent se chiffrer par milliards, c'est grâce à l'emploi de l'instrument d'échange.

De tous les moyens de production qui se trouvent entre les mains des hommes et qu'ils ont inventés au cours de progrès séculaires, le plus puissant est l'instrument d'échange. Que les chaudières, les chemins de fer, les bateaux à vapeur, les machines doublent et triplent la production, ils n'égaleront pas en puissance l'action si immuable en apparence de ces petites pièces de métal que nous appelons monnaies. Elles sont comme le langage par lequel les hommes s'entendent et développent leur intelligence, les signes par lesquel s ils expriment la valeur de leurs actes et réalisent tous leurs progrès économiques.

Par lui-même l'instrument d'échange ne développe pas plus nos richesses que n'importe quelle machine dont on ne se sert pas; mais par son emploi il permet la coordination de nos efforts, la simplification, l'union, la direction de notre travail et la répartition des produits de ce travail en raison de la valeur attribuée à la part que chacun y prend suivant la coordination des besoins.

Aussi est-on arrivé le plus naturellement du monde à attribuer une de ces parts prises par le travail que nécessite la création des produits à l'instrument d'échange lui-même, et cette part, on l'a rémunérée par une valeur que l'on a appelée *intérêt*.

L'intérêt chez les peuples barbares. — Les peuples barbares, économiquement peu développés, ne comprennent pas l'intérêt. Pour eux le prêt de l'instrument d'échange, comme pour une partie de nos économistes, n'est qu'un simple service; ils n'en voient que le côté personnel et moral, et défendent par leurs préceptes religieux d'en retirer aucun bénéfice. Chez ces peuples, jeunes ou enfants, incapables de prévoir le lendemain, habitués à dissiper leurs ressources du moment en fêtes et en plaisirs, l'intérêt, en effet, constitue un abus, et le précepte religieux a sa raison d'être. Mais lorsque plus tard ces mêmes peuples formèrent, par la conquête, de grands États, tout en maintenant leurs croyances, ils tombèrent infailliblement sous la dépendance des peuples étrangers sachant mieux apprécier la portée de l'instrument d'échange.

C'est moins par la guerre que par leur incapacité à comprendre l'importance de l'instrument d'échange que les États de l'Orient disparaîtront l'un après l'autre.

La liberté de l'intérêt. — En revanche, les États de l'Occident ne sont que trop portés, en observant l'action si considérable du merveilleux instrument, à en exagérer l'importance et à confondre la prospérité publique avec le rôle du capital et de ses intérêts.

Comme monnaies d'or ou d'argent, et sous forme de lingots, l'instrument d'échange est une marchandise qui, par elle-même, ne rapporte aucun intérêt; ce n'est qu'en tant que l'instrument d'échange participe à une production quelconque qu'une part lui revient dans cette production sous le nom d'intérêt. Si cette production est nulle, l'intérêt est illusoire, la valeur de l'argent perdue, tout comme la valeur d'une chaudière qui éclate ou d'une marchandise avariée.

Aucune liberté au monde n'y changera rien.

Taux de l'intérêt. — En observant que l'intérêt véritable représente toujours une participation au produit, on pourrait se laisser entraîner à vouloir en fixer le taux d'après la part prise effectivement par l'instrument d'échange à la production. Ce serait prétendre déterminer d'avance les effets à la fois du travail et des besoins futurs; œuvre d'astrologue en matière économique et de maître d'esclaves en matière sociale. On détermine aussi peu la valeur de produits futurs qu'on ne domine la destinée des hommes par la connaissance de la conjonction des astres.

Dans l'ignorance de la valeur des produits futurs, le taux le plus équitable de l'intérêt ne peut jamais être que celui convenu entre prêteurs et emprunteurs également sérieux et de bonne oi dans leurs affaires.

Cet intérêt peut être conforme à la part prise réellement par l'instrument d'échange à la production, comme il peut aussi ne pas l'être; cela ne dépend ni du taux convenu, ni de la somme employée, mais de l'intelligence et de la capacité de celui qui l'a mise en œuvre.

Du taux faux de l'intérêt. — Aussi le taux convenu, même dans ces conditions, n'est jamais le taux économique. Les lanceurs d'affaires, les faiseurs de réclames comme les emprunts des États qui, n'étant pas producteurs, ne peuvent payer les intérêts qu'avec l'argent provenant des produits des sujets, haussent et faussent le taux véritable de l'intérêt.

De ces influences multiples, ainsi que des craintes et des espérances qui résultent de la situation économique, sociale et politique, dérive l'état du marché, lequel détermine le taux, toujours exagéré, de l'intérêt.

Du taux légal. — Aussi de tout temps les États, sentant vaguement le côté dangereux des intérêts, se sont efforcés d'y mettre une limite en fixant le taux par la loi. Ce fut de tout temps une entreprise chimérique.

Capitalistes, banquiers, hommes d'affaires échappèrent par tous les moyens imaginables à la pression légale qui constituait tout au plus une entrave à l'esprit d'entreprise.

Finalement, tous les économistes indistinctement réclamèrent l'abolition du taux légal.

De nombreux États suivirent leurs conseils.

Le taux n'en devint pas plus équitable. Qu'il plaise à un capitaliste d'exiger un intérêt énorme ou insignifiant, qu'il convienne à un entrepreneur de consentir à l'un ou à l'autre, la production par elle-même n'en devient meilleure ni pire, et la part pouvant revenir à la somme employée ni plus ni moins grande.

Fluctuations de l'intérêt. — De cette fatalité dérive ce qu'on appelle la fluctuation de l'intérêt. Plus une entreprise est sévèrement conçue et sa production certaine, plus la part réclamée par le capital sous forme d'intérêts est faible.

L'instrument d'échange est transformé en instruments de travail, et plus la vente des produits est assurée, plus facilement aussi ces produits redeviennent instrument d'échange et se reforment en capital pouvant participer à une nouvelle production.

Plus au contraire l'instrument d'échange transformé en instruments de travail est exposé dans son emploi, plus les chances de sa perte sont grandes : plus s'élève le taux de l'intérêt. Le prêt se transforme, pour ainsi dire, en un jeu de hasard, et les affaires médiocres deviennent d'autant plus mauvaises que l'intérêt à payer est plus élevé. Dans toutes ces questions règne non pas la liberté, mais une nécessité implacable déterminée par les moyens de travail et la nature des besoins.

L'intérêt des intérêts. — Les produits vendus, l'intérêt est payé; celui-ci peut à son tour être transformé en capital; c'est ce qu'on appelle l'intérêt des intérêts.

Dans les affaires sérieuses on suit pas à pas ces transformations successives, et rien ne donne une idée meilleure de la coordination des efforts, et des progrès dans la production auxquels sont parvenues les nations occidentales, que ce phénomène de l'intérêt des intérêts. Il est devenu us et coutume, il a pris une existence légale, mais sans qu'on se soit inquiété si vraiment ces intérêts des intérêts répondaient encore à des parts réelles dans la production. L'emprunteur y a consenti; il n'y peut cependant suffire, malgré les usages, les coutumes, les lois, que si réellement sa production le permet, sinon l'intérêt composé aussi bien que l'intérêt simple ne représentent que des pertes.

Amortissement du capital. — Dans la plupart des entreprises on réserve annuellement, à part les intérêts, une certaine somme pour ce qu'on appelle l'amortissement du capital; c'est une forme particulière de percevoir des intérêts d'intérêts et qu'on désignerait mieux par l'expression de reconstitution du capital. Les intérêts des intérêts ne devraient jamais dépasser cette somme; aussitôt le capital reconstitué, ils devraient perdre leur raison d'être. Nos connaissances pratiques en économie politique n'en sont pas encore arrivées à ce degré; incapables d'estimer à leur juste valeur les intérêts véritables, nous sommes encore bien plus impuissants à évaluer la portée exacte du jeu des intérêts.

L'usure. — Ce n'est qu'incidemment que cette question nous porte à parler de l'usure. Elle n'est pas un acte économique. Au point de vue scientifique, tout homme qui place un capital à intérêts, convaincu que loin de contribuer à une production, le capital ne sera qu'une source de dépenses, commet un acte d'usure. Il exige un rendement qu'il sait être non pas douteux, mais impossible, exploite sciemment l'imprudence, les passions ou la légèreté d'autrui. Le législateur, le moraliste établissent des distinctions infinies dans la matière; la science économique ne saurait les admettre. L'usurier vulgaire qui prête au pauvre à la semaine et en exploite la misère, celui qui aide le fils de famille à dissiper sa fortune, ne se distinguent pas sous ce rapport du banquier qui prélève des parts en disproportion avec les produits réalisables, du lanceur d'affaires véreuses et du journaliste qui, par des réclames, aide les uns et les autres dans leur triste métier. Moralement, tous relèvent de la législation correctionnelle ou criminelle; ce n'est pas une loi sur le taux de l'intérêt, mais une législation sur les responsabilités en matière d'affaires qui pourrait seule y mettre un frein.

Périodicité des crises financières. — Enfin, de la difficulté de déterminer d'avance la part revenant à l'instrument d'échange dans la production proviennent les crises financières et leur périodicité.

Une bonne législation sur la responsabilité en affaires amortirait sûrement ces crises, mais ne les ferait point disparaître.

Des capitaux sont placés, prêteurs et emprunteurs

s'abandonnent à l'espérance, les premiers d'en toucher les intérêts, les seconds de faire une brillante entreprise; les États contractent leurs emprunts, les affaires donnent la main à d'autres affaires, les entreprises se succèdent, les emprunts se suivent jusqu'à ce que la disponibilité des capitaux s'arrête. Dès ce moment commence la crise, qui n'est en réalité qu'une liquidation. Tant que les capitaux ont été disponibles et dépensés largement, l'abondance et la prospérité apparaissaient de toutes parts; mais lorsqu'il a fallu solder les intérêts par l'accroissement de la production, une première ruine a commencé, une seconde a succédé, et la crise devint d'autant plus générale que les espérances et les illusions auxquelles on s'était abandonné ont été plus grandes, les sommes employées plus considérables.

Tant que les nations sont entraînées par leur génie commercial et industriel, elles croissent en prospérité à travers ces liquidations successives; mais lorsque leur esprit d'entreprise s'affaiblit, elles marchent aussi de crise en crise vers leur ruine, absolument comme un particulier marche d'emprunt en emprunt vers la misère.

Il en est des époques de prospérité et de crise chez les nations comme du va-et-vient d'un pendule; tant que le ressort fonctionne, le pendule de droite revient à gauche, et les aiguilles continuent à avancer; mais lorsque le ressort fatigué se brise, la machine entière s'arrête.

CHAPITRE XVI

DES SALAIRES.

Du capital d'établissement et du capital de roulement. — L'endroit où un produit doit être fabriqué est acquis par voie d'achat ou de location; l'instrument d'échange nécessaire aux premières dépenses est recueilli à la condition soit d'une part éventuelle dans la vente du produit, soit d'un intérêt stipulé d'avance, soit d'un amortissement ou d'un remboursement garanti sur d'autres ressources. Les abris indispensables au travail sont construits, les matières premières, les machines, les instruments sont achetés; voilà le capital de premier établissement. Reste à mettre le tout en œuvre; à cette fin une partie du capital de fondation est réservée pour suffire à la consommation entière, à toutes les nécessités de la fabrication qui surgiront entre l'époque du commencement du travail et celle de la vente définitive du produit; c'est le capital de roulement.

Le produit est prêt; quelle est sa valeur, son prix? — La première dépendra des besoins qu'il est destiné à satisfaire, le second de l'état du marché, lequel peut à ce moment répondre plus ou moins aux prévisions de l'entrepreneur, être plus ou moins favorable à la vente du produit, et les bénéfices que l'entrepreneur en retirera seront plus ou moins grands. Si celui-ci s'est trompé dans ses prévisions, si les besoins se sont modifiés, si le produit ne répond plus à des nécessités économiques, l'état du marché lui est devenu défavorable, et la rente aussi bien que les intérêts et le capital lui-même seront compromis. En tout cas, la responsabilité revient tout entière à l'entrepreneur.

Théorie générale des salaires. — Tant que l'entrepreneur reste isolé, les résultats ne dépendront que de l'exactitude avec laquelle il aura prévu les effets de son travail et la vente de ses produits; mais du moment où sa production se complique et qu'un nombre plus ou moins grand de travailleurs y contribue, la part afférente à chacun d'eux dans la vente du produit semble devoir être, en théorie générale, proportionnelle à la part que chacun aura prise à sa création.

Celui qui, dans la fabrication de la feuille de papier, se sera contenté de ramasser les chiffons dans la rue, paraît y avoir moins de part que cet autre qui les aura triés, lequel en aura moins que le mécanicien qui a surveillé la marche des machines ou celui qui aura dirigé leur travail à tous.

Plus les efforts accomplis auront été élémentaires et simples, comme de porter un objet d'un endroit à un autre, d'ouvrir et de fermer un robinet, moins leurs auteurs sembleront avoir contribué à la confection d'un produit spécial; plus, au contraire, ils auront participé par leur travail à la nature, la qualité, la quantité du produit, plus leur part paraîtra grande.

En théorie, le salaire représente la part afférente à chaque salarié dans la confection d'un produit de la même manière que l'intérêt représente la part du capital, et la rente, celle de la propriété foncière, dans cette même production. Si le produit est de nulle valeur, le travail a été fait en vain, de même que le capital, l'intérêt et la rente auront été perdus.

Telle est la théorie; mais en fait le phénomène est infiniment plus complexe.

L'entreprise a été faite en vue d'un gain et sur la responsabilité de l'entrepreneur; nul ne connait exactement la valeur et le prix du futur produit. Aussi, le plus souvent, l'entrepreneur se voit-il obligé de fournir, en dehors du produit, des garanties pour le payement de la rente au propriétaire, des intérêts et du principal au capitaliste; en effet, non-seulement le capital d'établissement, mais encore une partie du capital de roulement sont dépensés, avant la vente des produits, à payer les ouvriers employés.

Chacun des ouvriers apparait en quelque sorte comme un entrepreneur en son genre. Le premier a entrepris de porter une certaine quantité de la matière première d'une place à une autre, le second de soumettre cette matière première à une nouvelle manipulation, le troisième de surveiller les machines, et chacun n'est responsable que de la tâche qu'il a entreprise; aucun, en dehors de l'entrepreneur, ne peut assumer la responsabilité du résultat définitif. C'est ce qui a donné naissance à ce que nous appelons les salaires, les traitements, la répartition anticipée de la valeur du produit futur suivant la part prise par chacun des travailleurs à sa confection.

Anomalies des salaires. — Que le directeur ait une plus grande part dans la production d'une immense usine qu'un simple terrassier qui ne fait l'année entière que déplacer une pelletée de terre après l'autre, nul ne saurait en douter; et que le salaire de l'un, le traitement de l'autre représentent, au point de vue économique, le même phénomène, une part dans les produits, là encore n'est point la difficulté. Elle surgit lorsqu'on se demande si la part de chacun répond vraiment au salaire qu'il reçoit. Une trieuse de chiffons, qui met de la conscience dans sa besogne, contribue plus à l'excellence du papier que le mécanicien qui surveille de loin une excellente machine, laquelle fabrique le papier comme d'elle-même; il n'en reçoit pas moins un salaire plus élevé.

Le directeur d'une fabrique, plein de confiance dans ses contre-maîtres, se divertit, chasse, voyage et jouit cependant d'un traitement considérable. Faits constants qui paraissent aussi contraires à la théorie qu'iniques dans leur application.

Complexité du phénomène appelé salaire. — Ni les événements les plus graves de la politique, ni les désastres militaires des nations n'ont l'importance de cette question, qui de toutes est la plus menaçante pour l'existence de l'état social.

Les premiers économistes, comme s'ils en avaient prévu les dangers, ont fait de la liberté du travail le principe de la science économique; et ce fut précisément la conquête de toutes les libertés qui a rendu de plus en plus sensibles les inégalités et les injustices des salaires.

Il n'existe point de production qui ne soit accompagnée

d'une consommation, consommation de matière première, de force, de vie. Il n'existe point de travail qui ne soit le produit de la nécessité : chacune de ses formes nous est imposée par les besoins de notre consommation et de notre existence; consommation, existence, besoins d'où dérivent la coordination de nos efforts et, selon les degrés de cette coordination, tantôt l'accroissement de notre bien-être et la prospérité sociale, tantôt les souffrances individuelles et les misères publiques. Tous ces grands phénomènes de la vie économique des individus et des États sont sensibles dans le plus petit salaire comme dans le plus élevé; leurs avantages et leurs bienfaits, aussi bien que leurs abus et leurs dangers, en proviennent.

Avantages du salaire. — Les avantages que les économistes attribuent d'ordinaire, en jouant sur le sens des mots, à la liberté du travail prennent leur source dans les seuls caractères du salaire. Par lui-même le salaire représente une part prise à une production. Mieux nous parvenons à coordonner nos efforts entre eux en vue de cette production, plus nous gagnons de temps, épargnons de peines, et mieux nous parvenons à satisfaire nos besoins, mieux aussi la part d'un chacun se répartit suivant la consommation nécessaire à sa production.

Telle est la tendance naturelle des salaires; elle explique tous les avantages qu'en a retirés le système de la production moderne, de même que tous les abus qui en sont résultés.

De l'esclavage. — Il n'y a ni révolution ni transformation miraculeuse dans le passage d'une forme de travail à une autre.

Sous le régime de l'esclavage, la part du maître était absolue; il était devenu par la force ou l'achat l'arbitre du travail de son semblable, décidait de son temps, de ses efforts, de ses besoins; mais sa production se compliquait non-seulement de l'instruction et de la direction qui devaient être données à l'esclave, mais encore de son logement, de sa nourriture, de la surveillance qu'il devait exercer sur lui.

L'esclavage fut, au point de vue économique, un progrès sur le travail de l'homme isolé. Seul, vraiment libre, l'homme isolé reste abandonné à ses propres forces, qu'il éparpille le plus souvent en efforts stériles dans la satisfaction de ses besoins multiples. L'esclave soumis ou acheté lui est devenu à la fois un aide et un soutien; s'il dispose en maître de son existence, il en dirige aussi le travail, et leur production à l'un comme à l'autre s'accroît en raison même de l'union de leurs forces. C'est de l'union, fût-elle obtenue par la violence, et non de la division, que surgirent les premiers progrès des hommes dans le travail.

Du servage. — Le servage ou, pour parler plus exactement, le patronage du travail fut un second et non moins grand progrès. Lorsque les hommes furent parvenus à se donner des mœurs, des coutumes stables, des traditions uniformes, l'esclavage tomba de lui-même en désuétude. L'obligation de veiller non-seulement au travail, mais encore à la satisfaction des besoins de l'esclave, apparut de plus en plus comme une charge inutile; on se contenta d'assurer à l'esclave des moyens propres d'existence, à la condition qu'il accomplirait un travail déterminé. Ainsi, les campagnes eurent les serfs et leurs seigneurs, les villes eurent les maîtres ès métiers et les ouvriers patronnés : organisation savante, qui exigea des traditions fortes, des mœurs de famille vigoureuses, des habitudes et des coutumes de travail d'une grande stabilité.

Beaucoup rêvent le retour à cette forme du travail, ne se rendant pas compte du degré de coordination auquel les hommes ont dû parvenir dans leur production et leurs échanges, en même temps que dans leurs rapports personnels et leur hiérarchie sociale, pour pouvoir créer cette forme du travail, et la maintenir pendant des siècles.

Du salariat. — Il en sortit à son tour ce qu'on est convenu d'appeler aujourd'hui le travail libre, et qu'on désignerait plus judicieusement par le nom de travail salarié.

Il y eut sous l'ancien régime des ouvriers salariés et dans l'antiquité des ouvriers citoyens libres; mais la forme dominante du travail n'en fut pas moins dans l'antiquité l'esclavage, et sous l'ancien régime le patronat. Certains peuples, dans leur développement, transformèrent même la sujétion ou la domination primitive en patronat, comme les Grecs, ou en clientèle, comme les Romains, tout en conservant les traditions de l'esclavage à l'égard des vaincus et des Barbares.

L'histoire du travail est celle de la civilisation des peuples.

Aussi n'est-ce pas de la simple abolition du servage, des jurandes et maîtrises qu'est sorti le salariat. Mais les formes rigoureuses prises par un travail déterminé, en vue d'une production fixée et d'une vente assurée d'avance, finirent forcément par paraître des obstacles au développement de cette production. Chaque invention d'un instrument nouveau, chaque découverte d'une force ou d'une matière première nouvelle, apportaient des troubles profonds dans l'organisation existante. La révolution était faite bien avant que la politique y mît une étiquette. Turgot, en disant du salaire qu'il tendait au minimum nécessaire à l'existence de l'ouvrier, n'avait fait qu'observer la profonde transformation qui s'était opérée dans le travail.

Aussi naturellement que le travail de l'esclave avait été remplacé par le travail du serf et de l'ouvrier patronné, celui-ci fit place au travail salarié proprement dit. En d'autres termes, la coordination des efforts et l'expérience du travail parvinrent à un degré tel que, sans assurer ni la nature du produit, ni les formes successives qu'il prend à travers la série des métiers, ni sa vente, ni les conditions d'existence des travailleurs, on a pu affranchir ceux-ci de toutes les entraves, en se contentant de leur payer simplement et d'avance une part prise sur les produits futurs.

Progrès du travail salarié. — Des progrès immenses sortirent de cette transformation. Le patron juré, le maître ès métiers firent place aux entrepreneurs de produits à leur choix ; le serf et le compagnon se transformèrent en ouvriers indépendants contribuant à leur gré à la production; le seigneur se changea en propriétaire, vivant comme il lui plaisait de ses rentes; le possesseur de l'instrument d'échange devint le capitaliste faisant fructifier ses intérêts selon ses fantaisies. Tous concoururent à la production de tous, chacun selon sa volonté et ses ambitions, pouvant tout perdre, mais aussi tout gagner; la liberté apparut comme le stimulant et la récompense de tous, et Quesnay en fit à la fois et le principe et la loi de tous les phénomènes économiques.

Malheureusement, les progrès répondirent exactement au degré que chacun atteignit dans la coordination de ses efforts avec ceux des autres.

Taux des salaires. — Nous ne reviendrons pas sur les avantages et les abus qui résultèrent des rentes et des intérêts; les salaires eurent le même sort. Dans l'impuissance de déterminer d'une manière rigoureuse la part des travailleurs dans la vente de produits futurs; dans l'impossibilité de leur faire subir des pertes éventuelles alors qu'ils avaient accompli exactement leur part de travail, on s'arrêta forcément à un taux, non pas, comme le croyait Turgot, nécessaire à leur existence, mais à un taux qui répondait à leurs besoins, cause première du travail même. Plus le travail demandé était élémentaire et moins il exigeait de développement intellectuel, plus aussi les besoins de ceux appelés à l'accomplir étaient simples et faciles à contenter. Le taux du salaire s'arrêta à l'équivalent de ces besoins.

Plus au contraire le travail exigeait une instruction longue et minutieuse, un développement intellectuel considérable, plus les besoins furent nombreux et le taux du salaire s'éleva.

Il en résulta ce que nous avons appelé plus haut les anomalies des salaires. La trieuse de chiffons, plus utile à la production de la qualité du papier que le mécanicien, reçoit cependant un salaire moindre, tandis que le directeur de la fabrique jouit d'un traitement de beaucoup supérieur à celui de ses contre-maîtres, quoiqu'il puisse à certains moments leur abandonner la direction de la fabrique; mais sa charge et sa responsabilité, les connaissances et la pratique des affaires que celles-ci exigent, nécessitent chez lui un développement intellectuel et entraînent par suite des besoins dont le traitement qu'il perçoit est l'expression relativement fidèle.

Les taux des différents salaires ne pouvant être déterminé d'après ce que ces salaires représentent en réalité au point de vue économique, à savoir la part dans les produits futurs, on les fixa d'après les besoins à satisfaire.

Ce fut, comme nous l'avons dit, la source de tous les progrès de la production moderne, laquelle, tant que les générations furent simples, sobres, disciplinées, fit des progrès d'autant plus rapides que les besoins qu'elle eut à contenter furent moindres; le bien-être individuel, l'aisance générale augmentèrent en proportion.

Effets du travail salarié. — Mais dans la même proportion aussi se multiplièrent les besoins. Ils restèrent ce qu'ils furent dès l'origine du travail, la cause et la mesure de toute production. Les chefs des entreprises industrielles raffinèrent vainement les moyens de production, utilisèrent toutes les forces et ressources de la science et de la nature, progressivement et forcément les ouvriers exigèrent des salaires de plus en plus élevés.

La question ouvrière et la forme de la production moderne sont deux phénomènes étroitement liés et dépendants l'un de l'autre.

Plus les classes qui dirigent le travail augmentèrent la production pour satisfaire leurs besoins propres, plus les revendications des classes ouvrières s'accrurent pour contenter les leurs. Le progrès n'en paraissait pas moins indéfini. On n'observa point que, dans les cas où la coordination entre la consommation et la production rendait la satisfaction des besoins plus difficile ou impossible, il en résultait des ruines dans la classe dirigeante, des souffrances, des privations dans la classe ouvrière; ruines, souffrances, privations, qui continuèrent à rester l'expression rigoureuse du degré de coordination atteint dans les efforts.

On aurait certainement pu, par une science plus profonde des phénomènes du travail et une réaction puissante des moralistes et législateurs, arrêter le mouvement et lui donner, à force d'intelligence, d'abnégation et de dévouement réciproques, une direction plus parfaite. Mais l'entraînement fut général : la liberté du travail ! On ne voyait pas plus loin. Fatalement, brutalement, le mouvement continua.

Avec l'accumulation des richesses entre les mains des classes dirigeantes, celles-ci abandonnèrent insensiblement ce que la direction du travail avait de pénible, pour jouir simplement de leurs rentes et intérêts ; ou bien elles se contentèrent d'accroître leur fortune par des spéculations purement financières. Simultanément le travail parut de plus en plus lourd aux classes ouvrières, et, avec l'élévation des salaires, elles réclamèrent une réduction des heures de travail. Enfin, la passion des plaisirs chez les uns, le dégoût du travail chez les autres, la fatigue chez tous, finirent par être portés au point qu'il devint aussi difficile de trouver des directeurs capables de réorganiser les formes de la production, de perfectionner l'outillage, de vaincre la concurrence étrangère, que des ouvriers pour se soumettre à un travail grossier ou humiliant.

De cette façon seulement la grande question du travail salarié s'est transformée; elle est devenue une question sociale : continuera-t-on à travailler pour vivre, ou s'arrachera-t-on les uns aux autres, par la violence, les moyens de jouissance acquis?

La solidarité qui existe entre les classes dirigeantes et les classes ouvrières est infiniment plus profonde qu'elles ne le croient, et que ne le soupçonnent les rêveurs humanitaires les plus hardis.

CHAPITRE XVII

DE L'IMPOT.

Théories fiscales. — « Adam Smith, parlant des gros « impôts que rendirent nécessaires les guerres de l'An- « gleterre depuis la révolution de 1688, assure que si ces « guerres n'avaient pas donné à une grande partie du « capital national une direction particulière, c'est-à-dire « que si elles n'avaient pas absorbé en armements des « sommes énormes qui seraient restées, en d'autres cir- « constances, dans les mains des citoyens, il est probable « qu'une forte partie de ce capital aurait servi à des « travaux utiles; la valeur des produits annuels des « terres et de l'industrie se serait accrue chaque année, « et chaque augmentation de ces produits aurait rendu « plus facile encore une augmentation ultérieure. On « aurait bâti un plus grand nombre de maisons, on au- « rait amélioré une plus grande surface de terres, et « celles qui déjà avaient été améliorées auraient été « mieux cultivées. On eût établi plus de manufactures, et « celles qui étaient déjà fondées eussent été agrandies. « Il n'est pas facile d'imaginer, conclut Adam Smith, à « quelle hauteur se seraient élevés la richesse et le revenu

« de l'Angleterre dans des circonstances aussi favo-
« rables. »

Mac Culloch lui répondit : « Sans les guerres dans lesquelles l'Angleterre a été engagée depuis la révolution de 1688, la plus grande partie des capitaux qui ont été employés aux frais de la lutte n'auraient jamais été créés. Smith oublie qu'une augmentation des impôts a la même puissante influence sur une nation que celle qu'a sur chaque individu une augmentation de sa famille ou de ses dépenses nécessaires. Le poids toujours croissant de la taxation pendant la guerre commencée en 1793 fut senti par toutes les classes et donna un aiguillon à l'industrie, à l'esprit d'entreprise et d'invention. Sans la guerre contre l'Amérique, il y aurait eu moins d'industrie et moins de frugalité, parce qu'il y eût eu moins de nécessité de l'une et de l'autre. Et nous inclinons à penser que ceux qui étudient sans passion la matière seront amenés à reconnaître que l'accroissement de l'industrie et de la frugalité qui a été causé par ces conflits a fait plus que compenser les énormes dépenses de ces guerres[1]. »

Mac Culloch et Adam Smith ont également raison, chacun dans un sens. Un gouvernement peut par ses impôts épuiser les richesses, anéantir les ressources d'une nation; un autre par les siens l'enrichir et accroître ses productions.

Mac Culloch et Adam Smith ont également tort dans un autre sens : le tout dépend des hommes et des circonstances.

[1] P. Leroy-Beaulieu, *Traité de la science des finances*. Vol. I, p. 143-145.

Les opinions des deux économistes s'appliquent à des faits particuliers; transformés en théories générales, elles n'expliquent ni la nature ni les effets des impôts.

Un gouvernement incapable peut percevoir des impôts minimes, mais les dépenser en luxe et en faste, négliger les voies de communication, l'organisation administrative, la sécurité publique, et le peuple rester ou devenir misérable.

Un autre gouvernement peut percevoir des impôts énormes pour faire des guerres d'extension coloniale ou d'accroissement d'influence, construire des chemins de fer, des canaux, des ports, améliorer les moyens de communication, assurer la sécurité publique, et la nation avancer sans interruption dans ses progrès industriels et commerciaux. Une nation industrieuse supporte un gouvernement dissipateur sans que ses richesses cessent de croître; une autre, indolente, jouit d'un gouvernement excellent sans qu'elle parvienne à sortir de sa torpeur. Ce sont les effets non des impôts, mais de la nature des nations et des gouvernements.

L'économie politique, sans s'égarer dans des théories de fantaisie, ne saurait, par ses définitions, les transformer; tout au plus peut-elle éclairer ceux qui par son étude désirent l'être.

Nature de l'impôt. — L'endroit et les abris nécessaires à une production sont acquis ou loués; le capital indispensable à l'achat de la matière première et des instruments de travail est disponible; les travailleurs sont engagés, et toutes ces conditions de la production représentent des parts à prélever sur le produit futur. Ce produit ne serait cependant jamais réalisé sans un dernier facteur : les facilités de communication et la sécurité qu'exige sa fabrication.

Si la possession du sol n'était point garantie par une force matérielle, les prêts et les échanges, les engagements, les contrats assurés par des lois, des tribunaux et des juges, le transport des matières premières aussi bien que des produits facilité par des voies de communication nombreuses et bien entretenues, les nations les plus prospères se verraient en peu de temps ramenées en arrière.

Des luttes sans trêve ni merci pour la possession du sol, le vol, la violence dans l'acquisition des produits, le caprice, l'arbitraire dans les conventions, l'absence de voies et de moyens de communication rendraient au travail ses caractères primitifs, ramèneraient les échanges au troc, et l'on retournerait à l'état d'impuissance des peuplades sauvages.

Les formes politiques des États ont des causes morales, intellectuelles différentes de leurs causes économiques; ces dernières n'en sont pas moins les assises premières et principales. Pour parvenir à créer une organisation politique, si grossière qu'elle soit, il faut commencer par vivre, consommer et produire. Aussi le rôle le plus élémentaire de l'État et de toute organisation politique est-il de garantir le travail et la production de ses membres par le maintien de l'ordre extérieur et intérieur. Que les gouvernements ne se rendent le plus souvent qu'obscurément compte de cette mission, que les souverains s'imaginent que les sujets n'existent que pour leur bon plaisir, que des foules se figurent qu'elles sont la volonté souveraine et que tout doit se plier à leurs caprices, ces illusions ne modifient point le rôle économique des États. Un roi tout-puissant peut dissiper la fortune publique en guerres et en travaux stériles; une nation souveraine se livrer à des dépenses excessives et marcher à la banqueroute; au point de vue économique, il suffit que les frontières soient protégées et la sécurité intérieure maintenue pour que la production soit possible et que l'État acquière une part dans cette production.

Comparable à la rente, à l'intérêt, aux salaires, l'impôt est la part afférente à l'État dans la production. Il n'est pas, il ne saurait être autre chose.

Incidence de l'impôt. — On ne prélève pas plus des impôts que des salaires, des intérêts ou des rentes, sur ce qui ne produit rien.

Quels que soient l'ignorance et les préjugés régnants, les analogies entre l'impôt et les autres charges qui pèsent sur la production sont frappantes.

De même qu'on ne saurait évaluer la part de la propriété foncière, de l'instrument d'échange et du travail salarié dans la fabrication d'un produit futur, il est impossible d'estimer d'avance la part revenant à l'État, dans la réalisation de ce produit. De même que la rente, l'intérêt, les salaires payés en vue de cette production ne représentent qu'une perte, si le produit n'arrive point à reconstituer au moins leur valeur, l'impôt versé n'est également qu'une perte si la production n'en restitue pas le montant. Enfin, de même que le propriétaire foncier, le capitaliste, le travailleur, ignorants qu'ils sont de la valeur du produit futur, cherchent dans la fortune acquise de l'entrepreneur une garantie contre une perte éventuelle, de même l'État rend le contribuable responsable, sur l'avoir qu'il possède, de l'impôt qu'il exige de lui.

Cette dernière circonstance est la cause de toutes les illusions que les financiers se font en matière d'impôts. Ne pouvant taxer la valeur d'un produit à venir ni la part que l'État, par ses fonctions, y prend, on impose tout ce qui semble imposable, la propriété foncière aussi bien que le capital, les rentes aussi bien que les traitements, les produits réalisés en même temps que les profits, le métier non moins que les consommations nécessaires à son exercice, impôts directs et indirects, personnels et mobiliers, octrois, taxes et droits de toutes espèces. Les impôts, néanmoins, si ingénieux qu'ils soient et si facile que soit leur perception, ne représentent tous indistinctement que des pertes, si les contribuables, au lieu de les payer par leurs produits futurs, les soldent en les prélevant sur leurs ressources acquises.

La chose est de toute évidence. Supposons une nation aussi riche qu'il plaira, mais qui ne produit pas la valeur des impôts que l'État demande. Les impôts seront payés sur les moyens de production qu'elle possède; ces moyens de production diminueront d'autant, et les ressources pour les productions de l'année suivante faibliront en proportion. Le même phénomène se renouvellera cette année; l'impôt sera encore une fois prélevé sur les richesses acquises, et ainsi de suite jusqu'à ce que la nation ne se compose plus que d'un groupe de mandarins enrichis et d'un troupeau de misérables.

Qu'on impose les riches, leur luxe, leurs capitaux, leurs propriétés, leurs revenus, si l'État doit continuer à prospérer, l'impôt sera payé par l'ensemble de la production. Hors de là, l'impôt est toujours une perte, absolument comme chez les particuliers qui ne parviennent point à payer les rentes, les intérêts et les salaires par les produits de leur travail.

L'impôt représente la part de l'État dans la production, et ne représente qu'elle; toutes les formes imaginables qu'on lui donne n'en changent pas les caractères.

Taux de l'impôt. — Quant au taux de l'impôt, il en est encore comme des rentes, des intérêts, des salaires : l'état du marché en décide. L'affirmation paraîtra étrange : les grands mots de conseil des ministres, Chambre des députés, corps électoral, ne modifient point la nature des choses.

Ce que le propriétaire foncier, le capitaliste, l'ouvrier sont à l'égard de l'entrepreneur, l'État l'est à l'égard du contribuable. Si l'État, en vertu de son autorité souveraine, décide de percevoir un impôt, le propriétaire, le capitaliste, l'ouvrier fixent la rente, l'intérêt, le salaire qu'ils désirent, et chez ceux-ci comme chez l'État la nature et l'intensité des besoins servent de mesure aux exigences. Comme l'entrepreneur, de son côté, se trouve dans l'impossibilité de donner des rentes, des intérêts et des salaires qui dépassent ses moyens de production, les impôts que le contribuable est susceptible de payer dépendent de ses capacités productrices. Enfin, la quantité relative des offres et des demandes, les espérances et les craintes, l'intensité et la nature des besoins décident du prix non-seulement des rentes, des intérêts et des salaires, mais encore des impôts, en un mot, de l'état du marché contre lequel les décrets et les lois, les cabinets, les Chambres, la volonté populaire sont aussi impuissants que la volonté des propriétaires, des capitalistes et des ouvriers est impuissante à obtenir des revenus dépassant les moyens de production.

Vouloir des chemins de fer, des télégraphes, des routes, des écoles, c'est de la part des contribuables demander des impôts; désirer la grandeur nationale, l'extension des frontières, l'expansion coloniale, est de la part de l'État offrir des impôts, situation tellement nette et conforme à tous les marchés du monde que plus l'État accroît les impôts, plus leur valeur économique baisse, tandis que cette valeur augmente d'autant plus que les contribuables en demandent. Les offres de l'État dépendent des besoins qu'il éprouve, de même que les demandes des contribuables dépendent des leurs; mais tandis que l'État, par le maintien de la sécurité et de l'ordre, ne fait que participer à la production, les demandes des contribuables répondent aux exigences de cette production.

Enfin, l'État peut comme les contribuables se tromper dans ses prévisions.

Surprises des impôts. — De là les surprises des impôts, qui sont pour les finances publiques ce que les anomalies des salaires, les fluctuations des intérêts, les irrégularités des rentes sont pour les finances privées.

Si ambitieux que soient les chefs des États et désastreuses leurs entreprises, du moment où la nation en profite pour accroître ses produits, elles sont une source de prospérité. Au contraire, si prudent, si sage que puisse être un gouvernement en créant des voies de communication, des garanties et facilités de travail, des chemins de fer et des écoles, du moment où le travail de la nation n'y répond point par un accroissement au moins égal de produits, ces perfectionnements ne sont qu'une source de déficits pour le budget et de déboires pour les contribuables.

Ce ne sont pas les emprunts et les impôts prélevés depuis 1688 sur la nation anglaise par son gouvernement qui ont empêché, suivant Adam Smith, sa prospérité croissante, ou qui l'ont occasionnée suivant Mac Culloch. Ce furent, pour conserver notre expression, l'état du marché, en même temps que les caractères de la production et de la consommation de la nation anglaise à cette époque, qui ont déterminé à la fois le succès des emprunts et des impôts, et celui des entreprises industrielles et commerciales.

On peut payer des rentes, des intérêts, des salaires élevés, et cependant faire d'excellentes affaires; on peut en payer de faibles et se ruiner. Il en est de même des impôts; cela dépend des hommes et des circonstances, du caractère et de la valeur des nations. Mais l'élévation ou l'abaissement excessif des impôts est toujours le signe d'une situation tendue, comme les hausses et les baisses extrêmes des rentes, des intérêts, des salaires. Les révolutions et les émeutes deviennent alors pour les États ce que les crises et les grèves sont pour les particuliers.

Cet immense phénomène qu'on appelle le travail d'un

peuple, et l'organisation financière, industrielle, commerciale, administrative et politique de ce peuple, ne peuvent être compris que si l'on considère le travail à la fois dans tous ses rapports et dans sa plus grande simplicité.

CHAPITRE XVIII

DE LA NATURE DES BÉNÉFICES.

Les bénéfices et les revenus. — Par suite de l'impossibilité où se trouve le producteur de fixer d'avance l'état du marché et le prix de vente du produit, il se forme toujours un écart entre ce prix et celui de sa fabrication. Selon que cet écart est en faveur de la preière ou de la seconde somme, il y a bénéfice ou perte; en d'autres termes, la vente du produit aura donné un prix plus ou moins élevé que son prix de revient.

D'un autre côté, les rentes, les intérêts, les salaires, les impôts payés en vue de la fabrication de l'objet constituent pour ceux qui les ont reçus, à savoir l'État, les ouvriers, le capitaliste, le propriétaire foncier, des revenus et ne forment point des bénéfices par rapport au produit.

Nous désignons par *revenu* ce qu'on appelle communément frais de production. Ce dernier terme, parfaitement justifié dans les livres du producteur qui, pour se rendre compte de son opération, est obligé d'établir à la fois le coût de son produit et le gain ou la perte qui en est résulté, a, pour l'économiste, un sens plus profond, une portée plus générale.

Tous les frais de production, de quelque nature qu'ils soient, représentent par eux-mêmes une participation au produit et, par suite, des parts qui *reviennent* aux participants : *des revenus*.

Nous verrons tout à l'heure comment ces revenus à leur tour peuvent donner lieu à des bénéfices; pour le moment il importe d'en fixer le sens et la portée économique.

Un producteur, propriétaire de l'immeuble et du capital nécessaire à son travail, et qui a été lui-même l'ouvrier de son œuvre, conserve, sauf l'impôt, toute la somme que lui a donnée la vente du produit. Il n'en a pas retiré pour cela des bénéfices plus considérables. Au contraire, les soins qu'il doit donner à sa propriété, le maniement de son capital, l'exécution de chaque détail, auront éparpillé ses forces. Son produit lui aura coûté des frais d'autant plus élevés.

C'est le sort de la petite industrie et du petit commerce, et une des innombrables preuves que c'est par la coordination des efforts des uns avec les efforts des autres que le travail progresse et donne des bénéfices de plus en plus élevés.

Des bénéfices bruts et des bénéfices nets. — Si le producteur porte finalement en compte, en outre de la rente, des intérêts, des salaires et de l'impôt, les dépenses qu'il a faites pour sa propre subsistance, depuis le commencement de la fabrication jusqu'à la vente du produit, ces frais représenteront les *revenus* dont il aura joui pendant ce temps.

Dans la comptabilité ordinaire, on les comprend dans

ce qu'on appelle le bénéfice brut, pour les distinguer ensuite, dans un compte à part, de ce qui constitue le bénéfice net, le bénéfice véritable. En fait, les frais de consommation du producteur prélevés sur le produit constituent son revenu propre, quel que soit le nom qu'on lui donne. Le bénéfice véritable reste la différence entre le prix de revient et le prix de vente.

Cette même distinction s'applique aux revenus proprement dits. Si le propriétaire foncier, le capitaliste, l'ouvrier, l'État ne dépensent pas le total de leurs revenus en frais de production ou de subsistance, ce qui leur reste de leurs revenus constitue pour l'État ses bonis, et les bénéfices nets pour le particulier, propriétaire foncier, capitaliste, ouvrier. Tous sont, avons-nous vu, des entrepreneurs quant à la part qu'ils prennent à la production.

Les revenus et bénéfices en général. — Si de ces observations on vient à considérer leur portée générale, on voit que les terres, les forêts, les rivières, les mines, les valeurs mobilières et immobilières, l'instruction, la science, le savoir-faire acquis, l'organisation politique et administrative d'une nation, forment les moyens de production de cette nation; les revenus qu'elle en retire, c'est-à-dire ses frais de production, constituent son état de prospérité.

Il va sans dire qu'il est impossible d'évaluer ces frais ou ces revenus en chiffres; le rendement même des impôts, prélevés le plus souvent sur des ressources autres que les produits, n'en donne qu'une notion fort confuse et inexacte. La production générale n'en conserve pas moins les mêmes caractères que la production privée. Si, en dehors de ses frais de production, la nation doit développer ses richesses, c'est à la condition de progresser dans l'exploitation des moyens de production : science, savoir-faire, organisation politique et administrative, aménagement des forêts, culture des terres, commerce, marine, industrie. Une nation ne retire des bénéfices de son activité économique que dans la proportion où il en résulte un progrès dans sa production.

Les bénéfices individuels et le progrès économique national sont un seul et même phénomène.

Des pertes et des bénéfices réels ou économiques. — D'ordinaire, en économie politique, on ne s'élève pas si haut; on suppose naïvement que le prix d'un produit ne saurait tomber au-dessous de ses frais de production, parce que telle est la science du livre de comptes, et que l'entrepreneur qui ne parvient pas à faire ses frais abandonne de toute nécessité sa production. Le fait, au point de vue individuel, est exact. Mais entre cette observation toute particulière et le principe général, il existe tout un monde : le monde économique.

Les frais de production représentent des revenus pour autrui, et si les avantages què les autres retirent de ces frais dépassent la perte de l'entrepreneur, des bénéfices réels résultent de la perte individuelle.

Les États entreprennent des travaux et des constructions d'utilité publique précisément dans l'espérance que les frais occasionnés, c'est-à-dire les revenus qui en résulteront pour ceux qui sous toutes formes y participeront, dépasseront le prix que l'État lui-même en retirera.

Combien de commerçants vendent à perte pour former, maintenir ou rappeler la clientèle ! Combien d'industriels travaillent pendant des années sans bénéfice aucun et sacrifient même une partie de leurs capitaux pour initier les ouvriers à leur besogne, pour traverser une crise ou triompher d'une concurrence ! C'est encore un moyen de production pour les États comme pour les particuliers que de savoir vendre ou produire à perte.

Quand un producteur dépense pendant l'année non-seulement toutes les sommes portées dans ses livres à son *devoir*, mais encore toutes celles portées à son *avoir*, le bénéfice net est *zéro*. Dans les budgets de l'État, on appelle cela une bonne gestion des affaires ; dans le budget des particuliers, une mauvaise. Il faut cependant s'entendre dans des questions d'une telle importance.

L'avare, fût-il un mendiant, peut à force de privations amasser une fortune ; l'industriel, le commerçant peuvent réaliser des bénéfices annuels considérables en faisant des affaires médiocres ; il leur suffit d'user le matériel sans le renouveler, de ne point payer les fournisseurs, de vivre mal et d'élever plus mal encore leur famille.

De même ils peuvent se trouver à la fin de l'année en présence d'un déficit et s'être cependant enrichis par l'extension de leurs affaires, l'accroissement de leur matériel, la bonne éducation de leurs enfants. Tous ces faits, qui constituent, au point de vue général, les pertes ou les bénéfices réels, échappent aussi bien au calcul qu'ils échappent au principe que toute production doit dépasser son prix de revient.

Évaluation des pertes et bénéfices réels. — Il est aussi difficile d'évaluer les pertes et les bénéfices réels que le prix véritable d'un produit futur.

En arrêtant les bénéfices au témoignage du livre de comptes, on était imbu de l'idée de Turgot que le capital était formé de valeurs accumulées par l'épargne; dans ce cas, en effet, étant donné le capital primitif et son accroissement obtenu par l'épargne, cet accroissement en représente les bénéfices.

On n'observa point que le capital ne pouvait donner lieu à une production qu'à la condition d'être dépensé, consommé. Il en est de même des revenus et des bénéfices; ils deviennent par la vente des produits capital, et leur valeur dépend tout entière de la façon dont ils seront dépensés à leur tour. Une science que personne n'utilise, un savoir-faire qui ne sert point à celui qui le possède, sont des valeurs aussi vaines que les mines d'or et d'argent qui se trouvent dans les gisements inconnus du globe. Pour qu'ils acquièrent de la valeur, il faut qu'ils satisfassent à des besoins humains, que la science soit expérimentée, le savoir-faire employé, les gisements découverts, les minerais transformés en monnaie. Il en est de même des frais de production et des bénéfices bruts ou nets marqués sur le grand-livre; ils doivent être dépensés et consommés à nouveau. Cette dépense, cette consommation seule les transforme en pertes ou gains réels.

Des revenus payés par les uns forment des profits pour les autres; les pertes de ceux-ci forment des gains pour ceux-là; des bénéfices apparents se changent en pertes réelles, des déficits, à ne voir que les chiffres, en gain véritable. Les effets qui dérivent de la solidarité de la production et de la consommation alternent et se renouvellent constamment, et la réalisation des pertes et des bénéfices en dépend.

Des nations restent pendant des siècles stationnaires dans leur production, parce que les bénéfices réalisés compensent les pertes subies; d'autres déchoient en richesse et en prospérité, parce que tantôt les rentes, tantôt les intérêts, d'autres fois les impôts ou les salaires absorbent les bénéfices de la production; d'autres nations, au contraire, poursuivent sans interruption une voie de progrès, parce que la répartition des produits, rentes, intérêts, salaires, impôts, bénéfices, se fait chez elles de la façon la plus conforme aux exigences de la production.

Du partage des bénéfices. — La science des rapports qui s'établissent entre les hommes en vue de la satisfaction de leurs besoins ne deviendra une science vivante que lorsqu'on parviendra à distinguer les bénéfices apparents, tels que les donne la tenue des livres, des bénéfices réels de la vie économique des individus et des États.

La vanité de la théorie du partage des bénéfices éclate dans cette simple façon de poser la question. Les bénéfices apparents marqués dans les livres, et l'argent, l'or épartis suivant les calculs, de quelque façon qu'on s'y prenne, répondent à une production non moins artificielle qu'éphémère. Pour faire une répartition équitable non pas des bénéfices apparents, mais des bénéfices réels, il faudrait les connaître, et lorsqu'on les connaîtra, on comprendra que la répartition la plus naturelle est en même temps la seule juste.

Tenir compte d'un côté des frais de production, et d'un autre des bénéfices, alors que tous les frais de production ne sont que des revenus pour autrui et que les bénéfices d'un chacun ne dépendent en somme que de la nature de sa consommation, c'est aboutir forcément à prescrire à chacun son caractère, ses aptitudes, ses besoins, lui ordonner sa forme de travail et lui commander à la fois sa participation à la production et sa part aux revenus. A ces conditions on pourrait établir les bénéfices qui en résulteraient, comme on évalue la force d'une machine par le nombre des chevaux-vapeur.

Ah! si les hommes étaient des pages blanches comme celles d'un grand-livre, on pourrait y inscrire tous les chiffres qu'il plairait et arriver à un solde merveilleux de l'*avoir* et du *devoir* d'un chacun; mais l'hypothèse est folle comme la folie d'un écrivain qui s'imaginerait que ses personnages existent et que leurs actes s'accomplissent en réalité dans son roman.

Répartition des pertes. — Il en est des pertes comme des bénéfices; elles peuvent être individuelles ou communes, apparentes ou réelles.

Lorsque, faute d'une coordination suffisante de ses efforts, un entrepreneur se trompe dans la fabrication et dans la vente d'un produit, c'est une perte personnelle; elle n'est qu'apparente si, profitant de l'expérience acquise, il reprend son entreprise, la conduit d'une façon mieux entendue et la transforme de manière à en retirer des bénéfices réels.

La perte est au contraire commune, si, malgré les bénéfices que peut en retirer l'entrepreneur, comme il arrive si souvent dans certaines faillites et dans toutes les spéculations sur des valeurs fictives, les participants à l'entreprise, propriétaire, capitaliste, ouvrier, État, ne retirent aucun revenu, aucune part d'une production chimérique.

La vente forcée des propriétés immobilières, la perte des capitaux, la grève ou la misère des ouvriers, les déficits dans les recettes de l'État prennent alors des proportions d'autant plus grandes que les entreprises ont été à la fois plus étendues et plus illusoires.

Quant aux pertes réelles, elles sont, même dans ce cas, aussi difficiles à évaluer que les bénéfices véritables, parce qu'elles dépendent comme ceux-ci de l'avenir; ignorance qui peut être portée au point de causer des affolements tels qu'il en survient à la Bourse ou sur le marché, paniques plus nuisibles à la production que toutes ces pertes.

Dans l'impuissance d'évaluer la portée économique des pertes éprouvées, toutes les autres valeurs sont entraînées à la baisse, lorsqu'en réalité il n'y a jamais de perte qui soit aussi grande au point de vue économique qu'elle le paraît. L'argent perdu, les produits vendus ont été acquis par d'autres et redeviennent dans le moment même entre les mains de producteurs plus intelligents ou plus consciencieux, des revenus sérieux et des bénéfices durables. A travers une gêne momentanée, la production reprend et donne naissance à une reprise des affaires. Ce n'est que lorsque ce dernier fait n'a point lieu et que les produits ne tombent point entre des mains mieux avisées, que les crises continuent et se transforment insensiblement en une crise générale.

CHAPITRE XIX

DE LA CONSOMMATION DES PRODUITS.

Du changement des produits. — L'étude des phénomènes économiques à travers leurs transformations continuelles devient d'autant plus difficile qu'on s'efforce d'en préciser davantage les caractères. Nous venons de nous en convaincre à propos de chaque forme de la production. Nous rencontrons les mêmes difficultés en cherchant à définir la portée véritable des termes en apparence les plus précis et les plus clairs.

Jusqu'ici nous avons pris l'expression de *produit* dans son acception la plus générale, d'une chose échangeable ou vendable. Il y a cependant des choses qui sont des produits sans être échangeables ni vendables; d'autres qui, sans changer de forme, mais simplement de place ou de mains, sont transformées quant à leur valeur au point de devenir des produits nouveaux; d'autres enfin qui, aussitôt échangées ou vendues, cessent d'être des produits et ne constituent plus que des dépenses; et toutes ces transformations, chaque produit les traverse dans un temps plus ou moins éloigné, pour atteindre à son but, son emploi et sa consommation.

L'homme comme produit. — Dans une société aux mœurs barbares, l'homme réduit à l'esclavage est un produit qui peut être échangé et vendu; dans les civilisations avancées, il cesse d'être échangeable et vendable, et n'en reste pas moins un produit susceptible d'être à l'occasion conquis, cédé, échangé et vendu avec le territoire qu'il occupe.

L'enfant est toujours un produit qui, tout en ne pouvant être ni échangé ni vendu, constitue une valeur telle que, pour la développer, on n'y consacra jamais assez d'argent et assez de peine. La perte d'une fortune produit du travail d'une vie entière peut être compensée par une solide éducation donnée à son enfant.

Le savoir-faire de l'ouvrier, la science du savant ne sont ni échangeables ni vendables; il faut que celui-ci perde la mémoire pour se défaire de sa science, et que celui-là soit estropié pour ne plus pouvoir se servir de l'adresse qu'ont acquise ses membres, et cependant le savoir-faire de l'un, aussi bien que la science de l'autre, donne lieu à des transformations infinies. L'apprenti paye pour acquérir le savoir-faire du maître, l'élève pour acquérir la science du professeur; la science et le savoir-faire sont en ce cas vendus et achetés au même titre que tous les autres produits, sans qu'ils soient ni échangeables ni vendables.

Ces faits en apparence contradictoires reposent évidemment sur le double sens des expressions, lequel constitue pour l'économiste un danger que nous avons eu souvent occasion de mettre en lumière.

Considérés en eux-mêmes, le savoir-faire de l'ouvrier, la science du professeur, tout comme les hommes eux-mêmes, paraissent bien des produits; mais, comme tels, ils ne sont que de pures abstractions qui font la gloire des faiseurs de systèmes, parce qu'ils sont susceptibles de toutes les interprétations que la fantaisie peut faire imaginer.

En réalité, le savoir-faire, la science n'existent pas en dehors des hommes, pas plus que l'enfant en dehors d'une famille, et les hommes en dehors d'un état social. Or, considérés non plus comme des êtres abstraits, mais dans leur pleine réalité, c'est-à-dire environnés de toutes les conditions dont leur existence dépend, les hommes sont, au point de vue des rapports économiques, des produits parfaitement échangeables et vendables en tant qu'ils peuvent être acquis, et de même cessent d'être des produits, du moment qu'ils sont acquis, en d'autres termes, consommés.

Le savoir-faire de l'ouvrier, la science du savant ne sont plus ni échangeables ni vendales, parce qu'ils ont été réellement acquis et qu'ils sont devenus une chose propre à la nature de l'ouvrier, à celle du savant. De même l'esclave cesse de pouvoir être vendu du moment que son maître ou ses maîtres successifs ont consommé la production dont le malheureux était capable.

C'est le sort de tous les produits, de quelque nature qu'ils soient. Ils ne sont des produits échangeables et vendables que pour autant qu'ils peuvent être acquis, et cessent de l'être aussitôt qu'ils sont consommés, pour se transformer par leur consommation même en produits nouveaux d'une valeur plus grande ou moindre, selon la nature de la consommation à laquelle ils ont servi.

Au cours de l'histoire, l'esclave devient serf, le serf

homme libre, et tous cessent d'être des produits aussitôt que leur production est consommée, comme le chiffon devient un livre, et le livre de nouveau un chiffon; le savoir-faire devient de la science, la science un métier; les générations succèdent aux générations, et pour chacune d'elles comme pour le moindre détail de leur existence les mêmes phénomènes se renouvellent. Il est toutefois des produits qui semblent faire exception.

Les produits commerciaux. — S'il existe un travail commercial, il est fort difficile d'admettre qu'il y ait des produits commerciaux : le commerçant reçoit à un prix déterminé un objet qu'il revend, sans rien y changer, à un prix supérieur; s'il y a un bénéfice commercial, il ne semble pas qu'il y ait des produits commerciaux.

Si évident que paraisse ce raisonnement, il n'est cependant fondé que sur une nouvelle confusion issue du double sens des mots. Karl Marx, le créateur du socialisme révolutionnaire, en fit un des fondements de sa doctrine. Selon lui, le commerçant ne fait qu'échanger contre de l'argent une marchandise qu'il revend ensuite, sans y porter aucun changement, à un prix plus élevé, volant l'acheteur de la différence sans avoir rien produit par lui-même.

Considéré, dans son sens abstrait, le raisonnement paraît juste; examinons-le dans sa portée réelle. Un produit n'acquiert, au point de vue économique, le caractère de produit que par rapport à la consommation à laquelle il est destiné. Un même objet qui n'est qu'un produit vulgaire dans un endroit peut devenir un objet précieux dans un autre. *En soi,* au point de vue abstrait, il est le même; en réalité il change de caractère selon la nature de la consommation. Un objet dont nul ne peut faire usage n'est pas un produit dans le sens économique.

Aux bords des lagunes de Venise, quelques centaines de pêcheurs vivaient péniblement des produits de leur pêche. Ils en transportèrent une partie chez les agriculteurs leurs voisins, et obtinrent en échange du blé pour se nourrir et du chanvre qui leur servit à tisser des voiles pour leurs bateaux. La pêche devint plus lucrative, et ils portèrent leurs poissons plus vite et plus loin, dans une contrée dont les habitants n'étaient que pasteurs; ils rapportèrent ainsi non-seulement du poisson, mais encore du bétail aux agriculteurs, et obtinrent en échange, du blé en plus grande quantité, qu'ils rapportèrent aux pasteurs. Les pasteurs cultivèrent le sol impropre à la pâture pour y semer des grains, en même temps que les agriculteurs fertilisèrent davantage leurs terres grâce au bétail qu'ils avaient reçu; et les ressources, la prospérité, les richesses de tous s'accrurent en raison de ces échanges. Voilà les produits commerciaux et l'histoire de toutes les grandes cités commerçantes depuis Tyr et Carthage.

Si le commerce par lui-même n'engendrait pas une production nouvelle, ces villes auraient aussi peu pu croître en population que les pays avec lesquels elles étaient en relation auraient pu croître en prospérité.

L'avantage que les deux hommes qui firent le premier troc retirèrent chacun des objets échangés explique mieux que toutes les théories fondées sur de vaines abstractions la production commerciale.

Les changements qui s'opèrent dans les produits par

les seuls rapports commerciaux s'étendent jusqu'à l'argent lui-même. En passant d'une main à une autre, ils changent de caractère dans le sens économique du mot, selon l'emploi qu'on en fait. Le feu mis à une maison et qui consume une ville, et celui que l'on allume sous une chaudière pour faire marcher une fabrique, sont, aux yeux des physiciens, identiques; de même que pour le chimiste l'argent ne change pas de caractère, quel que soit l'usage qu'on en ait fait; mais pour l'économiste cet argent devient entre les mains des uns une cause de ruine, entre celles des autres une source de prospérité.

Rapports du produit et de la valeur. — Un produit n'acquiert ses propriétés économiques que par son emploi; mais il ne faut pas confondre avec ces propriétés sa valeur, qui prend les formes les plus diverses. La valeur que nous attribuons aux choses est un effet de nos besoins. La science que le savant acquiert avec tant de peines est pour lui d'une valeur fort grande; elle cesse d'être un produit économique du moment qu'il n'en fait pas profiter les autres.

Ces distinctions paraîtront peut-être subtiles; la science du professeur est toujours acquise et enseignée de la même manière, de même que le blé, les poissons, le bétail sont toujours produits, transportés, vendus et consommés à peu près de la même façon, quelle que soit la valeur qu'on leur accorde.

Nous avons distingué plus haut la valeur économique des choses de leurs valeurs personnelle, commune, conventionnelle, en insistant sur les différences qui existaient entre elles; nous avons montré en même temps comment la loi des prix en résultait. La distinction entre l'emploi des produits et la valeur que nous leur attribuons permet de poursuivre la cause de ces différentes valeurs jusque dans leurs origines, et nous fait découvrir une troisième et dernière grande loi de la vie économique des États, des individus et des peuples.

La loi de l'emploi des valeurs. — Nous donnons une valeur quelconque à un objet quelconque. Cette valeur dépend de nos besoins, et pour les satisfaire nous employons, nous usons, nous transformons l'objet. Les besoins dépendent de nous; ils sont nous-mêmes, ils nous dictent les conditions et les modes de notre existence, et la transformation, l'emploi de l'objet dépend encore de nous en tant qu'il nous sert à contenter nos besoins. Mais les besoins satisfaits, les effets et les conséquences qui en résultent échappent absolument à notre action, à notre puissance.

Nous avons acquis et bu un verre de vin pour satisfaire notre soif; là s'arrête notre besoin; quant au vin, il a son action particulière sur notre organisme, qui ne dépend plus de nous, mais des lois physiques qui régissent cet organisme. Ce vin, primitivement, était dans la grappe d'une vigne sauvage, qui a été transplantée, cultivée, et dont les fruits ont été récoltés. Chacune de ces transformations successives répondait à un besoin humain, mais dépendait à la fois des besoins éprouvés et des lois intellectuelles et morales qui gouvernent les actes des hommes dans l'usage et l'emploi des dons de la nature. Mais la nature et tous ses produits sont sujets à leur tour à des lois organiques, physiques et chimiques qui président à leur formation et en déterminent la constitution.

Pendant des milliers d'années, les hommes ont connu les propriétés de l'eau bouillante et en ont profité pour préparer leur nourriture; il fallut la civilisation moderne et le génie de Papin pour y reconnaître une des forces les plus puissantes de la nature.

Cet exemple résume tous ceux que l'on pourrait donner.

Plus l'homme, dans la satisfaction de ses besoins, attribue aux choses une valeur conforme aux lois qui régissent leur existence, plus ses moyens d'action se fortifient et sa production grandit.

Dans le fouillis des événements et des circonstances on cherche vainement l'explication de l'avénement des grandes nations dont parle l'histoire. Elles se sont, par leurs besoins, conformées plus que les autres aux lois de la nature; elles ont doublé leurs forces en profitant de celles des choses et ont acquis dans leur développement une puissance irrésistible.

Plus au contraire les individus et les nations, par le caractère de leurs besoins, la valeur qu'ils attribuent aux choses, s'éloignent des lois qui en régissent la nature et les forces, plus leurs moyens d'action faiblissent et leurs productions diminuent, les individus se dégradent et les nations déchoient.

CHAPITRE XX

DE LA CIRCULATION MONÉTAIRE.

La monnaie comme produit. — Aristote a défini la monnaie : une marchandise; mais le rôle de la monnaie est infiniment plus complexe que celui d'un simple objet acheté ou vendu.

Le seul fait de la circulation des monnaies a de tout temps entraîné les jugements dans un cercle vicieux. Une marchandise est échangée contre une certaine quantité de monnaies; et cette monnaie, qui est une autre marchandise, est échangée à son tour contre une autre quantité de marchandises. Quelle est la valeur de cette monnaie? Quelle est celle de cette marchandise? Aussitôt les questions posées, on peut revenir indistinctement à l'une ou à l'autre sans parvenir jamais à en résoudre aucune.

Un produit sans valeur ne saurait devenir une marchandise, mais ayant une certaine valeur, il est porté au marché ou offert en vente et devient de ce fait une marchandise. Il est échangé, non contre une autre marchandise, ce serait revenir à toutes les difficultés du troc, mais contre une certaine quantité de monnaies parce que, comme produit à leur tour, l'or et l'argent possèdent leur valeur propre fort différente et ont été portés à la monnaie pour être transformés en instrument d'échange, tout comme le marchand a porté son produit au marché pour en faire une marchandise.

La tranformation successive des produits, mieux que la circulation des marchandises, explique la circulation de la monnaie. Avant d'être un instrument d'échange, la monnaie est un produit à l'instar de tous les autres, mais ayant par son caractère une valeur beaucoup plus générale. Si la monnaie sert de terme de comparaison pour la valeur des autres marchandises, elle est aussi de tous les produits celui dont les transformations sont les plus rapides. Ces quelques lignes résument toute la théorie de la circulation monétaire et les phénomènes multiples qui en dérivent.

Envisagée en dehors de la circulation, dans le sens abstrait, la monnaie est un des produits qui se transforment le moins; on s'est convaincu que ce fut même une des nombreuses raisons qui firent des métaux précieux l'instrument d'échange[1]. Les pierres précieuses, le diamant surtout, sont encore bien plus inusables; ils n'en sont pas moins, comme produits, sujets à des transformations continuelles selon la mode.

Une monnaie qui n'est pas susceptible d'être incessamment transformée en des produits différents cesse d'être une monnaie.

Importance de la circulation monétaire. — On estime la fortune de la France à 250 milliards, ses revenus à 25 et la somme de son numéraire à 3 milliards d'or et 2 milliards d'argent; mais il n'est encore entré dans l'es-

[1] Voir pages 55 et 95.

prit de personne d'évaluer les milliards et milliards d'affaires qui se font annuellement par eux.

Peu importe, du reste, l'exactitude des chiffres; il suffit que leurs proportions soient plus ou moins justes. Une bonne ou une mauvaise récolte, un impôt qui croît ou diminue, une exportation plus forte ou moindre, une crise comme celle que nous traversons ou une reprise des affaires augmentent ou modifient les proportions de ces chiffres, leur caractère général reste le même : si les revenus de la France sont inférieurs ou supérieurs à 25 milliards, et la somme de numéraire inférieure ou supérieure à 5 milliards, ce n'est toujours que par la somme de numéraire passant de main en main que la somme des revenus peut être payée. Par les lettres de crédit, billets de banque, chèques, mandats, coupons, les balances des profits et pertes, les *clearing-houses,* le papier-monnaie, voire les timbres-poste, on arrive bien à remuer les milliards comme à la pelle et à suppléer à la monnaie; mais, produits eux-mêmes de la valeur attribuée à la monnaie, ils ne conservent leur valeur propre qu'à la condition de pouvoir à chaque instant être échangés contre elle. Leur valeur hausse et baisse selon la facilité de cet échange[1].

Que certains de nos compatriotes comptent leurs revenus par millions, que d'autres ne les chiffrent que par francs, que l'ouvrier dépense son salaire dans la journée, que le bourgeois transforme son superflu en capitaux, tout cela ne modifie point le fait que 5 milliards de monnaies, ou la somme de numéraire que nous pos-

[1] Voir chapitre suivant : Du Crédit

sédons, suffisent au payement de tous les revenus et à la garantie de la liquidation de toutes les fortunes et de toutes les affaires.

Théories économistes et socialistes. — Les économistes ne voient dans cette circulation de la monnaie qu'une source de richesse. « Un franc qui passe en sept mains dans une journée vaut sept francs », et, confondant la circulation monétaire avec la transformation des produits, ils concluent que plus la circulation monétaire est libre, plus la fortune privée et publique progresse.

Un franc, passerait-il par cent mains dans la journée, ne vaudra qu'un franc, et un autre, resterait-il trente ans dans la caisse d'un banquier, peut par le seul crédit du banquier en valoir mille.

Ce sont ces effets de la circulation monétaire qui ont suscité les colères des socialistes. Le change, la commission, l'intérêt, les bénéfices des propriétaires et commerçants d'argent, leur apparurent comme des abus d'autant plus inqualifiables que le numéraire, si nombreuses que soient les mains par lesquelles il passe ou si grand que soit le crédit qu'il donne, ne change jamais par lui-même de nature.

La circulation monétaire et la transformation des produits. — La circulation monétaire est par elle-même un phénomène parfaitement indifférent. Elle est aussi peu la cause des profits que nous retirons de la vente des produits que des abus que nous commettons à leur sujet, la monnaie elle-même n'étant qu'un produit qui n'acquiert sa valeur réelle que par l'emploi que nous en faisons.

Observons la transformation des produits d'une ferme possédant une chute d'eau et un moulin, et qui est exploitée par une seule famille. Depuis la semence mise en terre et l'herbe fauchée dans la prairie jusqu'à la mouture du blé et la tartine de beurre donnée à l'enfant, aucune circulation monétaire n'y paraît; et si la semence est confiée à un sol mal préparé, le foin récolté à moitié pourri, et que les enfants, nourris de pain détestable et de beurre rance, deviennent scrofuleux et rachitiques, ce n'est certes pas la faute de la circulation monétaire.

Suivons les mêmes transformations successives depuis les terres de la Beauce jusqu'aux hauts plateaux de la Savoie, des herbages de la Normandie aux maigres prairies des Ardennes, d'une grande meunerie parisienne au moulin à vent des dunes bretonnes; les personnes qui concourront à l'exploitation seront innombrables, les ventes et les achats infinis, les sommes de numéraire en circulation énormes, mais l'enfant qui mangera du beurre rance tartiné sur du pain mauvais sera-t-il mieux portant, et l'enfant bien nourri un gars moins vigoureux? L'argent, comme n'importe quel autre produit, s'est transformé et, après chaque échange, a valu exactement le produit acquis, absolument comme dans la ferme où les mêmes transformations se sont opérées sans aucun échange d'argent.

Trois gamins qui achètent un cigare pour en fumer une bouffée chacun à son tour ont perdu leurs trois sous, de même que le franc, passant dans la journée en sept mains différentes, peut ne représenter que des pertes successives s'il n'est pas employé d'une manière plus intelligente. Au contraire, le franc enfermé pendant trente ans dans un coffre-fort peut au bout de ce temps en avoir produit mille, grâce aux opérations productives que son propriétaire aura eu l'intelligence d'accomplir au moyen du crédit que ce franc lui aura valu ; de même qu'un gamin peut, au lieu d'acheter avec ses sous des cigares, se procurer du papier et des crayons, s'exercer à dessiner et devenir un grand peintre auquel ses tableaux rapporteront au delà de ce que rapporte au banquier son argent. Ces faits sont d'une évidence absolue; il n'en est que plus attristant que, dans une science d'une portée aussi sérieuse que l'économie politique, on en soit encore à devoir les discuter.

Fluctuation de la circulation monétaire. — « Si la production augmente, dit la loi de l'offre et de la demande, tandis que la quantité de numéraire reste constante, ce numéraire deviendra plus cher, c'est-à-dire qu'on obtiendra plus de marchandise pour la même somme d'argent; si, au contraire, c'est la quantité de numéraire qui s'accroît, la production restant la même, c'est l'argent qui deviendra moins cher, c'est-à-dire que pour la même quantité de marchandise on offrira plus d'argent. »

L'affirmation paraît de toute évidence, et cependant elle est une erreur.

Les fluctuations de la valeur monétaire s'expliquent, non par les quantités relatives des monnaies et marchandises en présence, mais par les rapports qui existent entre la production et la consommation, desquelles proviennent cet argent et ces marchandises, c'est-à-dire par l'activité économique.

Si la production augmente, c'est que l'activité s'est accrue, et avec l'activité s'accroît forcément la circulation monétaire. Les cinq milliards, au lieu de passer cinq fois de main en main pour payer les vingt-cinq milliards qui forment les revenus de la France, passeront six fois et payeront trente milliards, mais leur valeur relative restera constante. De même la quantité de numéraire en circulation peut tomber à quatre milliards, si l'activité sociale a diminué, la valeur du numéraire restera toujours identique et constante.

Plus l'activité chez une nation augmente, plus la nation s'enrichit, quelle que soit la quantité de son numéraire; plus au contraire cette activité diminue, plus la nation s'appauvrit, si grande que soit sa richesse. Mais selon les caractères variables de son activité économique, les rapports de la production et de la consommation changent, et chacun de ces changements influe sur la valeur monétaire.

Mettons que pour un moment la production devienne plus grande que les besoins de la consommation; aussitôt la valeur relative de l'argent haussera, et l'on offrira plus de marchandises pour obtenir moins d'argent. Mais les besoins de la consommation peuvent également augmenter sans que la production le fasse; la valeur de l'argent augmentera encore, car on offrira une plus grande quantité de marchandises dont on n'a pas besoin pour se procurer celles qu'on désire. Le contraire aussi peut se présenter, la consommation peut diminuer, la production restant la même, et l'argent tomber en valeur, pour la même raison qui fait que si la production diminue sans que la consommation le fasse, tout l'argent nécessaire à cette production devient disponible et déprime la valeur de l'argent en circulation.

Les quatre formes de la circulation monétaire : sa rapidité et sa lenteur, sa hausse et sa baisse, se distinguent, se confondent, se mêlent, se séparent, se rapprochent, et notre ignorance des effets qui en résultent est tellement grande qu'elle seule explique les brutales fluctuations du marché. Les crises que nous n'avons pas su prévoir éclatent et se maintiennent comme les maladies dont les médecins ignorent à la fois les causes et les remèdes; elles passent, laissant le malade affaibli ou en voie de guérison, sans que la science y ait eu la moindre part.

Les crises monétaires. — Nous en sommes, dans ces questions, où en étaient les médecins de Molière : *quare opium facit dormire.*

Une crise monétaire éclate; elle se manifeste toujours lorsque les métaux précieux subissent un changement dans leur valeur respective. La dernière crise portait sur l'or; celle que nous traversons en ce moment porte sur l'argent. Les uns attribuent la cause de cette crise à la surabondance d'argent, ce qui est, sous un autre mot, donner pour cause à la crise, *la crise;* les autres s'imaginent découvrir cette cause dans la baisse des prix, ce qui est en apparence absolument le contraire, une surabondance de numéraire devant faire hausser les prix; mais comme chacun veut de l'or, on offre les marchandises à des prix d'autant plus bas, ce qui constitue encore la même crise et n'est autre chose qu'une troisième manière de parler pour désigner la même chose.

Les nations à petite industrie et à besoins médiocres doivent user dans leurs échanges d'un terme de comparaison de petite valeur; lorsque les salaires sont de dix ou quinze sous par jour, ce n'est pas avec de l'or qu'on peut les payer. Au contraire, les nations à grande industrie et à besoins multiples arrivent naturellement à rechercher le terme de comparaison dont la valeur est la plus élevée, l'autre devenant, à cause de la grande quantité dont il en est besoin, trop encombrant et son transport trop difficile. Ainsi l'or et l'argent, voire le cuivre, sont également nécessaires selon la nature des échanges. S'il surgit une crise dans leur valeur relative, si l'or ou l'argent augmentent ou baissent dans leur valeur d'une manière anormale, ce n'est ni dans la surabondance ni dans la pénurie de l'un ou de l'autre qu'il faut en chercher la raison, mais dans la cause même qui détermine leur valeur : la prédominance de la grande production sur la petite, ou de la petite sur la grande. Qu'une nation traverse l'une ou l'autre transformation, il en naîtra aussitôt une crise; le prix de l'or baissera si la petite industrie s'accroît aux dépens de la grande, le prix de l'argent baissera si c'est la grande qui étouffe la petite; et cela avec la régularité d'un baromètre qui monte ou descend selon la densité de l'air. Le prix des objets de première nécessité pourra fléchir malgré une surabondance d'argent; les grandes entreprises pourront s'effondrer et les objets de luxe tomber en valeur, malgré une surabondance d'or. Avec la prospérité de la petite industrie et du petit commerce, la valeur de l'argent augmente; avec la prédominance de la grande industrie et du grand commerce, c'est la valeur de l'or qui s'accroît. S'imaginer qu'on sortira des misères et des difficultés que ces transformations entraînent en se faisant bi, tri ou monométalliste, c'est croire qu'on modifiera la densité de l'air en baissant ou haussant l'échelle du baromètre.

Inégalités de la circulation monétaire. — La transformation incessante des produits engendre une seconde espèce de perturbation dans la circulation monétaire : son inégalité. Elle surgit à la suite de changements survenus non pas dans la production, mais dans la consommation des produits.

La noblesse de France qui dissipait à la cour de Versailles les revenus qu'elle tirait de ses terres, les propriétaires de l'Irlande qui dépensent leur fermage en Angleterre, les ouvriers italiens qui viennent cultiver les terres de Corse, comme les ouvriers allemands qui travaillent celles des Suisses et emportent les sommes payées en salaires, ont été ou sont pour ces différents pays des causes d'irrégularités dans la circulation monétaire. On a appelé ce phénomène l'absentéisme; ce fut encore un mot expliquant le phénomène par lui-même.

Si la noblesse de France et les propriétaires irlandais, quoique éloignés de leurs domaines, avaient continué à s'y intéresser assez pour y envoyer des ordres de nature à améliorer la culture, des conseils d'amendements de toute espèce, des intendants ou des régisseurs mieux entendus, la prospérité de leurs paysans, de leurs fermiers, de leurs terres, n'aurait fait que croître, bien que les revenus fussent dépensés ailleurs. De même si les ouvriers italiens et allemands cultivaient mieux d'année en année le sol des propriétaires suisses et corses, ils les enrichiraient malgré tout l'argent qu'ils emportent. Ce n'est donc pas l'absence ni le fait que les produits ne sont pas consommés sur place qui est la cause des irrégularités de la circulation monétaire, de l'enrichissement des uns, de la gêne des autres, de la pléthore en un endroit, de l'anémie plus loin, comme dans un organisme mal réglé, mais la façon seule dont les produits sont obtenus et consommés.

Une capitale qui appelle à elle les ouvriers de la province l'appauvrit en raison directe; une classe sociale, noblesse, bourgeoisie ou classe ouvrière, qui dépense sa part de revenus sans contribuer pour la même proportion à une production nouvelle, diminue en raison directe les ressources des autres classes. La capitale, il est vrai, par ses progrès dans l'industrie et le commerce, peut envoyer en province des produits de moins en moins chers; une classe sociale, par sa consommation particulière, peut enrichir les autres; à la Suisse les voyageurs étrangers rapportent bien au delà de ce que les ouvriers allemands lui enlèvent. Une capitale prospère et une agriculture en souffrance, une aristocratie d'hôteliers et une plèbe de pâtres, une noblesse riche et des fermiers misérables n'en constituent pas moins des états économiques anormaux dont les irrégularités de la circulation monétaire sont le reflet.

Physiologie de la circulation monétaire. — Tant que l'enfant vit au sein de sa mère, son existence est passive. Dès qu'il respire au grand air, son sang circule avec plus d'activité, ses organes se fortifient, l'intelligence se développe; et plus sa respiration est facile, profonde, mieux son sang tour à tour s'oxyde et se désoxyde dans les organes. Le moindre trouble dans la respiration enfièvre ou abat le mouvement sanguin, trouble l'action des organes, et l'enfant devient malade, se remet ou meurt selon qu'il continue ou cesse de respirer. Il en est de même des sociétés humaines. Tant que mère nature fournit aux hommes, sans effort ni travail, ce qui est nécessaire à leur existence, il peut y avoir un état social rudimentaire comme dans la tribu sauvage; il n'y a ni progrès ni société véritable. Mais du moment où la consommation et la production, nous allions dire l'inspiration et l'expiration, deviennent aisées par l'emploi de l'instrument d'échange, l'état social commence à grandir, à se fortifier; la tribu devient peuple. A toutes les époques de son développement le phénomène restera le même : la consommation et la production donnent l'impulsion à l'instrument d'échange qui passe de main en main, tour à tour recette et dépense, comme le sang passe dans les organes, tantôt veineux, tantôt artériel, pour entretenir la vie. Riches et pauvres, nobles et plébéiens, capitalistes et prolétaires, agriculteurs, industriels, commerçants sont, au point de vue économique, autant d'organes qui transforment l'instrument d'échange, chacun selon ses besoins et son travail propre, et plus leur action est régulière, mieux elle est coordonnée, plus l'organisme est prospère.

En revanche, lorsque chacun, selon ses besoins et son travail, absorbe trop ou produit plus qu'il ne faut aux autres organes, alors se manifestent des crises et des irrégularités dans la circulation monétaire, comme se produisent dans l'organisme humain des pléthores ou des anémies. Et ce n'est pas la faute de la circulation monétaire, mais du caractère vicié de la production et de la consommation dont elle provient.

Une situation économique n'est pas heureuse parce que le numéraire est abondant et sa circulation rapide; elle ne décline point parce que le numéraire est rare et sa circulation lente, mais l'un ou l'autre phénomène se produit selon que les affaires se font bien ou mal.

Les mines d'argent de l'Amérique du Nord n'empêchent pas sa petite industrie d'être en souffrance, et ses mines d'or sont impuissantes à mettre un terme à la crise monétaire que traverse sa grande industrie. De même les mines d'or du Mexique ne contribuent en rien à en faire un pays à grande production, et ses mines d'argent à rendre sa petite industrie prospère.

L'or et l'argent ne sont en quelque sorte que la forme de la circulation monétaire. Ils sont et restent des produits dont la consommation et la production sont sujettes aux mêmes conditions que les échanges de tous les autres produits.

Si nous suivons l'histoire économique d'un peuple civilisé dès son époque barbare, nous voyons que malgré la cherté relative du numéraire et sa lente circulation, il n'en a pas moins progressé en aisance et en richesse à mesure que les efforts de tous ont été mieux coordonnés, que les productions et les consommations des uns se sont mieux adaptées aux productions et aux consommations des autres, que les formes du travail se sont multipliées, simplifiées ou unies selon les nécessités de chaque instant. Dans les mêmes proportions aussi la masse monétaire s'est accrue et sa circulation s'est accélérée.

Au contraire, arrivé au point culminant de sa prospérité, nous voyons le même peuple déchoir malgré les trésors qu'il a amassés et l'accélération vertigineuse de sa circulation monétaire. Précisément à cause de la facilité acquise pour satisfaire tous les besoins, ceux-ci dépassent insensiblement les moyens que l'on a de les satisfaire. La nation s'adresse à la production étrangère, et plus la circulation monétaire sera facile et rapide, plus les richesses acquises iront enrichir les peuples voisins; en même temps la production nationale faiblira, et peu à peu, prenant l'habitude de vivre de la production étrangère, comme l'ancienne Rome ou Byzance, l'industrie nationale disparaîtra, les campagnes elles-mêmes finiront par devenir des déserts.

Le phénomène que nous avons observé depuis la ferme exploitée par une famille jusqu'aux rapports qui s'établissent entre les différentes provinces et classes d'un État, reste immuablement le même dans les relations des nations entre elles.

Un peuple si pauvre qu'il soit en numéraire, s'il est plus actif et industrieux qu'un autre, finit par accaparer les richesses monétaires et jusqu'à l'exploitation des mines d'or et d'argent, en échange des marchandises que ce dernier est incapable de produire. Si au contraire celui-ci profite de chaque échange commercial pour accroître sa production propre, les deux continuent à prospérer et à s'enrichir par l'accord qui s'établit entre leur production et leur consommation réciproques.

Aucune théorie, si brillante qu'elle soit, n'y changera rien. La liberté, la protection, la tyrannie, l'accord même des nations, leurs conventions et leurs traités, ne transformeront point la nature et la force des choses. La production et la consommation si différentes, si contraires qu'elles puissent paraître, ne sont au fond qu'un même phénomène. Tout produit, si grande que soit la valeur que nous lui attribuions, doit être consommé pour acquérir sa portée économique, et toute consommation n'arrive à sa valeur véritable que par le produit qui en résulte.

Transformation continuelle de toutes choses à tout instant, sous toutes formes, dont la circulation monétaire, en la facilitant au plus haut degré, subit toutes les lois.

CHAPITRE XXI

DU CRÉDIT.

Définition. — On a défini le crédit « une faculté sociale qui dérive de la confiance » : c'était confondre un fait moral avec un phénomène économique.

Nous venons d'exposer les facteurs innombrables qui concourent à la circulation monétaire ; l'examen du premier exemple venu de crédit nous montrera que ce nouveau phénomène économique présente une complication beaucoup plus grande encore.

La valeur que nous avons appelée personnelle prend plus d'importance dans le crédit que dans la circulation monétaire, principalement fondée sur la valeur commune. Les caractères de cette circulation, la valeur relative des métaux précieux, les difficultés de leur transport, la lenteur de leur acquisition, l'état du marché actuel compliqué de celui du marché futur, les prévisions de la production et de la consommation à venir, la science, l'expérience, l'instinct des affaires, la possession et le besoin, tout cela coordonné en un phénomène unique, dont la forme extérieure se renferme dans une parole donnée, une signature, un engagement, pris avec l'espérance de percevoir sur des revenus futurs au delà de la somme des valeurs engagées, voilà le crédit.

A ne considérer que la forme extérieure, on pourrait croire que le crédit est un acte de confiance; en réalité, c'est un acte d'affaires, un des actes les plus compliqués qui se rencontrent dans les rapports économiques.

Sens élémentaire du crédit. — Chez les seuls peuples, à caractère primitif, qui n'ont encore donné qu'un faible développement à leurs rapports économiques, le crédit est vraiment un acte de confiance et représente un service rendu de voisin à voisin, d'ami à ami. Aussi la plupart de ces peuples défendent par leurs lois de tirer de ce service n'importe quel revenu ou bénéfice.

Grâce à une intelligence et une expérience plus profondes des affaires, le crédit est sorti de ses langes et, en perdant ses formes enfantines, est devenu un des soutiens les plus puissants de la vie économique des nations modernes.

Sens véritable du crédit. — Sur les cinq milliards de numéraire que nous possédons, combien se trouvent constamment dans les caisses de la Banque de France et dans celles des autres banques du pays? combien dans les caisses publiques et privées? L'épargne seule, estime-t-on, enlève annuellement des milliards de la circulation. Le budget dépasse trois milliards; l'exportation s'éleva en 1886 à trois milliards, et l'importation à quatre milliards, et pendant la même année, l'État fit un emprunt d'un milliard; le créateur du canal de Suez demanda six cents millions pour le canal de Panama, un État étranger emprunta soixante millions, des entreprises innombrables furent fondées, et les affaires faites la même année à la Bourse échappent à toute estimation. Pour que toutes ces sommes fussent réellement payées, il aurait fallu que chaque pièce de monnaie effectivement en circulation passât, non pas cinq ou dix fois, mais mille et cent mille fois de main en main. Dans ces faits on entrevoit l'immense portée du crédit : il remplace, à mesure que la production et la consommation se développent, la circulation monétaire trop lente, et facilite les payements définitifs en espèces, en liquidant ces payements au courant même et avec la rapidité des affaires, souvent avec l'instantanéité de l'électricité, et en n'occasionnant que les frais insignifiants de l'écriture, de l'imprimerie, d'une lettre ou d'une dépêche.

Les formes que peut revêtir le crédit sont aussi diverses que les affaires elles-mêmes.

Nous distinguerons, pour plus de clarté, le crédit commercial, le crédit industriel et le crédit financier; nous examinerons ensuite ce qu'on entend d'ordinaire par crédit privé et crédit public.

Le crédit commercial. — Le crédit commercial consiste dans la vente de produits ou de marchandises à la condition d'un payement plus ou moins éloigné. Il est déjà, sous cette forme si simple, une affaire, une entreprise : certains marchands font du crédit à longue échéance un moyen d'étendre leur clientèle; d'autres cherchent au contraire dans le bon marché au comptant ou dans une remise sur le prix, l'extension de la leur; tandis que d'autres encore trouvent de l'avantage à concilier les deux systèmes. Suivant les circonstances, la nature des marchandises, le caractère de la clientèle, les formes changent, mais toujours, sauf dans le marché au comptant, le crédit, et la façon dont le commerçant le pratique, constituent un mode de spéculation, une véritable entreprise, qui se solde par des gains ou des pertes.

Le client, de son côté, selon ses ressources, achète à crédit au lieu de le faire au comptant, parce que c'est pour lui également une affaire, une entreprise. S'il n'a point la somme disponible, mais peut la réaliser sur ses économies, son salaire, son traitement, ses revenus futurs, il estime qu'il a d'autant plus de profit à acheter immédiatement à crédit qu'il a plus besoin des marchandises.

Le crédit commercial le plus élémentaire démontre à lui seul combien le crédit est une source d'aisance, et facilite par sa forme les relations économiques.

Quant à la prétendue confiance dont il serait le produit, elle est si peu sérieuse que d'une part le marchand avisé comprend d'avance dans ses prix le nombre des clients qui ne le payeront pas, et que d'un autre les gouvernements se voient obligés de garantir le client contre la fraude par des bureaux de contrôle des poids et mesures et des laboratoires chimiques.

Le crédit industriel. — Le crédit industriel a lieu en vue, non pas de la vente, mais de la production des marchandises.

Avec le nombre des travailleurs qui concourent à une même production, augmentent aussi les sommes nécessaires à l'exploitation industrielle, au payement des salaires, à l'achat des matières premières, des instruments et machines.

L'industriel emprunte pour faire valoir une entreprise, une industrie, et le crédit lui est accordé sur ses produits futurs. Lorsque ces produits seront vendus, le crédit commercial fera place au crédit industriel; leur action s'enchaîne; l'un mène à l'autre. La différence entre les deux crédits n'en reste pas moins constante : le crédit commercial est fondé sur la consommation présente et la production future, le crédit industriel sur la production du moment et la consommation à venir. Le commerçant lui-même, lorsqu'il emprunte à crédit les sommes nécessaires pour fonder ou étendre son commerce, se sert du crédit industriel, car c'est en ce cas en vue de sa production propre qu'il en fait usage.

Les rapports entre le crédit industriel et le crédit commercial expliquent l'extension que l'un et l'autre ont dû prendre, en même temps qu'ils démontrent que tout crédit n'est en dernière analyse qu'une liquidation.

Une grande industrie doit être fondée, sa construction exige des années, et pendant des années elle travaillera peut-être à perte, pour former ses ouvriers, créer ses débouchés; mais on a prévu ces éventualités et calculé exactement les bénéfices considérables que n'en donnera pas moins l'entreprise. Pour assurer son exécution, il faut nécessairement que d'avance le payement de tous les capitaux exigés par cette exécution soit garanti. Supposons que vingt millions soient émis en parts dans une affaire, en actions, suivant l'expression consacrée. Il s'en faut cependant de beaucoup que la somme entière soit versée, la loi elle-même n'ordonne que le versement du quart. Mais ce quart encore peut n'être versé qu'en valeurs à crédit, car la somme qu'il représente est loin d'être employé dès le premier moment; déposée aux banques, elle rentre immédiatement dans la circulation; il suffit que les premiers ouvriers employés à marquer l'enceinte du futur établissement soient payés au comptant; elle représente une production et une consommation immédiates. Il en est de même de tous les appels de fonds successifs; seule la part représentant la production et la consommation immédiates est toujours payée au comptant, part qui rentre aussitôt dans la circulation, de même que les valeurs à crédit du capital de fondation.

Arrivons au moment où les produits de l'industrie sont enfin vendus. Le même phénomène se renouvelle. S'ils sont vendus à crédit, la même opération recommence, semblable à celle que nous avons vue, et s'ils sont vendus au comptant, ils représentent une production et une consommation immédiates. Ainsi sans cesse l'équilibre se rétablit entre les valeurs versées et les valeurs dépensées, tandis que les bénéfices dépassent ou n'atteignent pas les bénéfices prévus.

La production d'une part, la consommation de l'autre se liquident en quelque sorte d'une façon constante, non pas après la vente des produits, comme dans les chambres de compensation, mais d'avance et au courant même des ventes et des achats.

D'immenses entreprises industrielles et commerciales ont pu être faites de la sorte; le crédit individuel est devenu collectif, et ses effets ont été tels que les siècles antérieurs auraient à peine osé les rêver. En réalité, ce sont l'expérience et la connaissance de la production et de la consommation futures qui se sont accrues, et avec elles le crédit industriel et commercial.

Le crédit financier. — Nous venons de voir comment le quart du capital souscrit pour la fondation d'une entreprise, au lieu d'être immédiatement dépensé, est versé à une banque comme garantie. Cet exemple résume à lui seul tous les caractères et la troisième espèce du crédit, le crédit financier.

Il se présente à son tour sous des formes nombreuses : traites, lettres de change, billets de commerce, mandats, chèques, actions, obligations, rentes publiques, bons du Trésor, titres au porteur et nominatifs, monnaies de papier et papier-monnaie; et les formes des institutions qui émettent ces valeurs fiduciaires sont non moins multiples, depuis les banques des États et le trésor public, jusqu'aux Caisses d'épargne et aux monts-de-piété.

Le crédit financier n'en reste pas moins toujours le même; il consiste à donner et à accepter de simples assurances de payement; tandis que le crédit commercial et le crédit industriel reposent sur l'échange de valeurs actuelles contre des valeurs futures. Il achève en quelque sorte le mouvement circulatoire des valeurs, et mieux que toute autre fonction économique, il représente la solidarité profonde qui existe entre la consommation et la production, entre la consommation du moment et la production future, la production actuelle et la consommation à venir.

Si les crédits commercial et industriel sont une liquidation continue faite au courant des affaires, le crédit financier proprement dit établit l'équilibre entre les deux, d'une manière non moins continue.

Il n'a point d'autre raison d'être ni d'autre objet. Un commerçant fait d'excellentes affaires et place ses bénéfices chez un banquier; un industriel qui dans le moment même fonde une fabrique s'adresse au même banquier et en reçoit les fonds; un autre commerçant ne fait point ses rentrées à temps pour effectuer un payement, il a recours au même financier auquel un industriel vient de confier le produit de la vente de sa fabrication. Ainsi, par le moyen du crédit financier se croisent en tous sens le crédit commercial et le crédit industriel, se suppléant l'un l'autre, équilibrant leurs recettes du moment avec leurs dépenses futures, leurs dépenses actuelles avec leurs recettes à venir; c'est par lui qu'ils prennent leur essor et acquièrent tout leur développement.

Tandis que la circulation monétaire en passant de main en main ne représente ordinairement qu'une production et une consommation immédiates, et pourrait être figurée par une simple ligne tracée en cercle, la circulation des valeurs fiduciaires, allant de la consommation et de la production du moment à la production et à la consommation futures, représentent une figure en huit de chiffre, dont le centre est formé par le crédit financier et les deux cercles par le crédit commercial et le crédit industriel.

Supprimez les deux cercles, et le crédit financier, malgré l'or et l'argent dont il peut disposer, se réduit à un point imperceptible. Supprimez l'un des quatre demi-cercles dont se composent les crédits commercial et financier, et toutes les valeurs fiduciaires émises ne représentent que des chiffons de papier.

Étendez ce mouvement comme un réseau immense sur la production et la consommation du monde entier, de chaque maison de commerce et de chaque fabrique à toutes les autres, d'un pays aux pays voisins, des continents aux continents, et vous vous représenterez aussitôt le développement gigantesque pris par le crédit financier avec les progrès du commerce et de l'industrie, les facilités des moyens de communication rapide, l'extension des relations internationales, en même temps que vous comprendrez les facilités inimaginables que le crédit financier procure à tous ces rapports et relations, ainsi que l'impossibilité d'y suppléer par la circulation monétaire.

Rapport du crédit et de la monnaie. — Et cependant sans la circulation monétaire, point de crédit, de quelque nature qu'il soit.

Déjà le crédit financier ne vaut que par les crédits commercial et industriel, et ceux-ci n'existent que par l'échange d'un produit actuel contre un payement futur, ou d'un versement du moment contre un produit futur. Or, ces différentes opérations ne sont possibles, et le crédit lui-même ne peut être, nous ne disons pas évalué, mais pensé, qu'à la condition :

1° De réunir en un même jugement des notions aussi différentes que celles d'un produit actuel et d'un produit futur. Le financier le plus expert est aussi incapable de penser une valeur actuelle et une valeur future sans avoir l'idée d'une valeur commune que de distinguer le carmin du grenat sans avoir l'idée du rouge. Quant à cette valeur commune, c'est précisément la valeur monétaire, laquelle n'est devenue le terme de comparaison des autres valeurs que par cela seul qu'elle était la plus générale.

2° A la condition d'être effectué, en tant que crédit, sous la forme d'une valeur fiduciaire, laquelle est à son tour évaluée et pensée d'après ses rapports avec la valeur commune, la monnaie en usage. Si cette valeur fiduciaire peut à chaque instant et avec la plus grande facilité être échangée contre cette monnaie, comme les papiers garantis par l'État, elle acquiert une valeur identique avec celle de la monnaie; elle peut même en acquérir une plus élevée, à cause des facilités plus grandes qu'elle présente pour les échanges, les envois ou les remises de valeurs. Si, au contraire, l'échange contre la valeur monétaire est moins facile, moins assuré, et comporte des termes d'échéance, la valeur fiduciaire perdra en raison directe comparativement à la valeur monétaire en usage.

3° A la condition d'être réalisé. Tant qu'une valeur fiduciaire n'est que réalisable, elle hausse ou baisse suivant ses rapports avec la valeur monétaire, ses facilités, sa garantie, ses bénéfices plus grands ou moindres; elle n'acquiert sa valeur économique que par sa réalisation.

Aucun état social ne subsiste par la production d'une consommation à venir, pas plus que par la consommation de produits futurs; il ne vit que par la consommation du moment, des produits du moment; production et consommation dont les valeurs fiduciaires, représentant toujours des valeurs futures, se trouvent naturellement et forcément exclues. De là une double nécessité : il faut que toute valeur fiduciaire puisse être échangée à un moment quelconque contre une valeur monétaire actuelle; il faut que la liquidation des valeurs futures, qui est le crédit, soit continuellement réalisée au moyen de la valeur toujours actuelle de l'instrument d'échange.

Qu'on prolonge cette opération en transformant sans interruption les valeurs fiduciaires en valeurs nouvelles, qu'on en fasse des coupures à valeurs de plus en plus petites au point de pouvoir ne plus servir que de monnaies d'appoint en cuivre ou en nickel, et que tous les échanges d'un État se réduisent à une circulation de valeurs fiduciaires; rien ne servira : ou bien toutes ces valeurs ne vaudront que leur poids de papier, ou bien elles seront sans cesse pensées et évaluées, suivant les rapports industriels et commerciaux immédiats de cet État avec les autres États, et hausseront, baisseront en valeur, selon la possibilité de leur échange contre des valeurs monétaires.

Rapport de l'offre, de la demande et des valeurs fiduciaires. — En économie politique on explique d'ordinaire ces phénomènes si vastes et si profonds du crédit par la loi de l'offre et de la demande. Cette explication parait au premier abord d'une vérité évidente; mais nous avons montré le caractère superficiel de cette loi, qui ne rend compte des faits économiques qu'en expliquant les mots par d'autres.

En disant que les corps lourds tombent et que les corps légers s'élèvent, on explique les phénomènes de la pesanteur; mais donne-t-on la formule de la pesanteur?

Il en est de même des valeurs fiduciaires; elles tombent ou s'élèvent selon le poids de l'offre ou le poids de la demande, est-ce la loi de leur valeur?

Abus et dangers du crédit. — Les abus et les dangers du crédit sont aussi innombrables que les espérances et illusions humaines, de même que les offres et les demandes qui en résultent.

Le crédit, par les facilités qu'il procure à la production, représente tout comme le capital effectif une participation au produit; pour que le crédit ne se dissipe donc pas en une valeur purement chimérique, il faut de toute nécessité que le progrès de la consommation réponde exactement à cette part dans la production. Que le progrès dans la consommation, aussi bien que le progrès dans la production, diminue ou s'arrête, et le crédit engendrera forcément des pertes proportionnelles.

Quel est cependant le commerçant, l'industriel, le financier, si honnête et consciencieux qu'il soit, qui puisse prévoir d'une manière rigoureuse le résultat du crédit qu'il demande ou qu'il accorde sur une consommation ou production future? Les demandes, les offres se produiront en raison des certitudes que l'on s'imaginera avoir; leur valeur véritable dépendra de la consommation et de la production immédiate de l'époque de l'échéance du crédit. C'est là le danger du crédit, il diminue avec l'expérience, la prévision exacte des affaires; il augmente avec les espérances et les illusions qu'on se fait. Plus les chances paraissent aléatoires au créditaire et certaines au créditeur, plus les exigences du premier et les complaisances du second grandiront à la fois, et la part du crédit dans la participation aux produits haussera pour rendre en raison directe l'affaire, si déjà elle est mauvaise, détestable. La quantité des offres et des demandes, le chiffre même du numéraire disponible ne modifieront pas l'issue.

Si aux commerçants, industriels, financiers honnêtes et sérieux se mêlent, par suite de la facilité avec laquelle on surexcite les espérances et les illusions de la foule, les faiseurs d'affaires, qui ne lancent une entreprise que parce que le titre en est alléchant, les banquiers qui se chargent du placement des actions avec le seul souci de toucher une prime considérable, que les feuilles publiques enfin en proclament l'excellence par leurs annonces et leurs réclames, alors le crédit se transformera en un véritable fléau économique. Non-seulement il empêchera la réalisation d'affaires consciencieuses, mais celles mêmes qui pourraient devenir bonnes à un taux moindre du crédit se changeront en ruines certaines par toutes les charges qui les grèvent. Les ruines succéderont aux ruines et s'amasseront bientôt, se produisant à la même époque en grande quantité, et engendreront les crises générales, que le « laisser-faire, laisser-passer » des offres et des demandes aggravera d'autant plus que les spéculations véreuses seront plus profondément entrées dans les mœurs économiques.

Les défaillances politiques, les désastres militaires, toutes les revendications sociales compromettent moins l'avenir d'un pays, parce que cet avenir est dans le crédit même.

Le crédit privé et le crédit public. — Le crédit privé et le crédit public sont un même phénomène.

On entend d'ordinaire par crédit privé l'état de fortune ou la capacité industrielle et commerciale des individus. Une autre mesure du crédit en rendrait les erreurs moins communes et les abus moins dangereux.

Le crédit public est la même chose absolument, malgré la différence des termes. Par le maintien de la sécurité des frontières et son action administrative, l'État concourt au crédit des particuliers; par leur travail, les particuliers concourent au crédit de l'État. Sans impôts régulièrement payés et sans recettes assurées, il n'existe pas de crédit public, pas plus que sans sécurité et sans ordre il n'y a de crédit privé. Les deux sont l'expression de l'activité économique d'un peuple, et l'un sans l'autre n'est rien.

Loi du crédit. — Tout crédit, quel qu'il soit et sous quelque forme qu'il se présente, suppose toujours un accroissement de la production et de la consommation. Un crédit accordé en vue d'une consommation sans qu'une production lui réponde est une perte de la même manière qu'un crédit accordé en vue d'une production qui sera sans consommation.

Avec le placement de valeurs fiduciaires, qui ne sont que la monnaie courante de la consommation et de la production future, il faut que toutes deux, la consommation et la production, se développent en raison des engagements contractés, sinon l'une et l'autre reculent en proportion de l'écart. Une production sans consommation équivalente est une perte continue; une consommation qu'aucune production ne satisfait est une privation incessante.

L'étude de l'économie sociale, de l'économie publique et de l'économie internationale nous donnera maintes fois l'occasion de revenir sur ce grand phénomène du crédit, qui a pris une importance si considérable dans l'existence économique des États modernes.

Du prêt. — Il nous reste à dire quelques mots du prêt, que l'on confond si souvent avec le crédit.

Le prêt se distingue du crédit en ce qu'il trouve dans les produits acquis une garantie contres les chances aléatoires des produits futurs. Le prêt hypothécaire, le prêt sur gage, sur nantissement, sur dépôt de valeurs en cours, ont plutôt les caractères d'une vente conditionnelle que ceux du crédit proprement dit. On prête telle somme sur une propriété foncière, un gage, des valeurs; si la somme n'est point restituée ou si seulement les intérêts n'en sont pas payés dans les conditions stipulées, la propriété est saisie, les gages, les valeurs perdus. Le crédit représente en quelque sorte la production naturelle, le prêt la production forcée.

Selon l'intelligence des affaires, les illusions qu'on se fait, les craintes qu'on a, le prêt et le crédit se combinent de toutes manières, sans que ni l'un ni l'autre ne change de portée. Un crédit sur des valeurs acquises est un prêt ; un prêt sur des valeurs futures est un crédit. Différence tellement nette que les emprunts mêmes des États prennent l'une ou l'autre forme absolument comme chez les particuliers. Un État ne jouissant d'aucun crédit doit, pour contracter un emprunt, donner son domaine, ses douanes, ou l'exploitation de quelques monopoles en gage, tandis que des milliards sont souscrits sans condition, sur la simple émission de rentes, d'obligations, de bons du Trésor, aux États qui jouissent de crédit, c'est-à-dire dont les recettes futures garantissent des titres émis.

Les utopies en matière de crédit. — Les phénomènes si puissants et si curieux du crédit ont donné naissance à un monde d'utopies selon que les esprits les ont plus ou moins compris.

Les uns, voyant avec quelle surprenante facilité les grands États émettaient du papier-monnaie et contractaient des emprunts, imaginèrent que le moyen le plus sûr d'assurer la prospérité générale était de faire de ce fait le principe même des richesses. C'était vouloir que l'État disposât de la consommation et de la production de chacun, quand ce sont précisément la production et la consommation de chacun qui forment le crédit de l'État.

Les autres, plus réfléchis, demandèrent le crédit à bon marché; comme si le crédit qui est toujours une participation à une entreprise commerciale, industrielle ou financière, et non pas un acte de confiance, pouvait devenir une bonne affaire en lui imposant dès l'origine les caractères d'une affaire mauvaise. Si le crédit s'accorde à de meilleures conditions pour une entreprise dont le succès paraît assuré que pour une autre dont les résultats sont douteux, c'est que les besoins, dans le premier cas, sont moindres et se contentent d'une part moins élevée dans les bénéfices, tandis que dans le second ils sont plus impérieux et demandent une part plus grande. Exiger le crédit à bon marché sans rendre en proportion les affaires plus solides, c'est vouloir que le crédit ne soit plus le crédit et que les affaires ne soient plus les affaires.

D'autres encore, en admirant les facilités de la circulation des valeurs fiduciaires, ainsi que les grands effets qui en résultaient, ne virent de salut que dans la liberté absolue du crédit.

Il est certain que la rapidité de la circulation des valeurs fiduciaires et la liquidation sans entraves qui en résulte au courant des affaires, est un avantage immense pour le développement de la prospérité générale et un effet de ce développement.

Mais il est non moins certain que les krachs des bourses, les faillites des banquiers, la débâcle des entreprises véreuses et la banqueroute des États sont aussi des effets qui, selon les circonstances, annihilent et détruisent complètement les premiers.

La liberté ne donne point une intelligence plus grande des affaires aux uns ni plus d'honnêteté aux autres. Ce que la sécurité publique et la facilité des communications sont au moindre de nos échanges, des garanties qui assurent une loyale gestion des affaires le sont pour chaque crédit.

Plus le crédit est assuré, plus il devient facile, ce qui est le contraire de cette théorie.

D'autres enfin, n'envisageant que la puissance du crédit, n'ont vu que dans l'épargne le moyen de lui donner à la fois de la solidité et la plus grande extension. Cette opinion, en apparence la plus pratique, fit naître tant d'illusions et d'erreurs que nous croyons devoir lui consacrer un chapitre particulier.

CHAPITRE XXII

DE L'ÉPARGNE.

Formes de l'épargne. — Faire des économies et épargner, être économe et faire des épargnes, sont des expressions qui sont prises ordinairement dans le même sens, malgré la différence qu'il y a entre elles. Peu importe à l'économiste que vous soyez économe, pourvu que vous fassiez des épargnes pour augmenter votre bien-être, pour l'éducation de vos enfants, pour votre vieillesse; peu importe, au contraire, au moraliste que vous fassiez des épargnes, pourvu que vous soyez économe, que vous ne dissipiez point frivolement votre bien et que vous soyez utile à vos semblables. Le sens des deux expressions n'est pas le même.

Nous avons à maintes reprises signalé les confusions que l'on commet entre la science de la morale et celle de l'économie politique sous peine de retomber dans les erreurs que ces confusions entraînent; réclamons pour l'économie politique le fait matériel de l'épargne, qui peut provenir de mobiles moraux fort opposés, et laissons à la morale l'économie, qui est une vertu.

Aux yeux de Turgot, l'épargne est la cause de l'accumulation du capital qui, à son tour, est la source des richesses.

Un ouvrier peut devenir contre-maître, chef d'atelier, directeur de fabrique, créateur de fabriques nouvelles, sans jamais avoir épargné un centime; un avare peut avoir amassé des millions et mourir à l'hôpital après avoir mal employé ses épargnes. Il y a donc épargne et épargne, comme il y a fagots et fagots.

Les deux espèces d'épargnes. — Par eux-mêmes cent francs ne deviendront jamais cent cinq francs, fussent-ils épargnés avec le plus de soins et placés sous triple serrure. Pour qu'ils acquièrent une valeur plus grande, il faut qu'ils cessent d'être épargnés et qu'ils entrent dans la circulation. Ils passent des mains de l'épargneur Paul dans celles de l'épargneur Pierre, des mains de l'épargneur Pierre dans celles de l'épargneur Jacques, et à la fin de leur migration ils ne seront cependant pas plus devenus cent cinq francs, qu'un œuf passant par ces différentes mains ne sera devenu une poule. Mais que Paul, le premier, avec ses cent francs achète des œufs, une couveuse, contruise un poulailler, qu'il garde les poussins de l'épervier, du chat, des maladies, et au bout de l'année sa basse-cour vaudra, non pas cent cinq francs, mais cent cinquante francs et plus peut-être. Ce ne seront pas les cent francs qui auront produit cette merveille, mais le travail et les soins de Paul. Que ces soins aient été inintelligents, le travail négligé, le froid et l'humidité, la faim et la soif, l'épervier et le chat auront bien vite eu raison de la basse-cour, et les cent francs se trouveront peut-être intacts dans la caisse d'un armateur anglais, par lequel le Jardin d'acclimatation aura fait venir pour le compte de Paul des brahmapoutras de l'Inde.

Pas plus que le capital, les épargnes ne croissent par elles-mêmes; elles ne valent que ce que vaut le travail qui les met en œuvre, et comme le capital encore, les épargnes mises en œuvre participent à la production dont une légitime part leur revient. A ce point de vue elles se distinguent en deux espèces : l'épargneur fait valoir lui-même les unes; il place les autres à intérêt avec des garanties plus ou moins sérieuses; le travail d'autrui doit les faire valoir.

Du placement indirect des épargnes. — Les épargnes de la France, selon certains statisticiens, sont de quatre milliards par an. Placée par annuités pendant vingt-cinq ans seulement, au taux de l'intérêt légal, cette somme s'élèverait au chiffre fabuleux de 20,045 milliards 424 millions; non-seulement l'Europe, mais le monde entier nous appartiendrait. Au lieu de cela nous avons perdu deux de nos plus belles provinces et nous sommes chargés d'une dette énorme. Ce sont les erreurs de la politique, répondra-t-on; la croyance en l'efficacité de l'épargne placée à intérêt ne serait-elle peut-être pas une erreur plus grande?

En Autriche, où le crédit de l'État ne s'est relevé que lentement des secousses de 1848, les épargnes recherchèrent de préférence les placements en hypothèques sur les propriétés foncières. Il y est question aujourd'hui de réduire de cinquante pour cent les rentes hypothécaires pour sauver la propriété foncière d'une ruine de jour en jour plus menaçante. En Allemagne, une enquête officielle a établi que les prêts à l'agriculture étaient une des causes principales de la crise dont elle souffre, et les hypothèques qui grèvent en moyenne chaque hectare en France sont du double de ce qu'elles sont en Allemagne.

La propriété foncière est la plus stable; il en résulte que de toutes elle est aussi la plus recherchée et que sa valeur relative est la plus grande, c'est-à-dire qu'elle donne, évaluée en capital, des revenus moindres que l'argent lui-même.

Cette différence fait qu'insensiblement, en plusieurs générations à peine, la propriété hypothéquée est absorbée par le capital argent emprunté sur elle et dont elle sert les intérêts. Le capitaliste devient propriétaire foncier, et l'ancien propriétaire un homme ruiné. En même temps le capitaliste par la simple acquisition d'une propriété foncière n'acquiert ni l'expérience ni les connaissances nécessaires à sa gestion; tandis que l'ancien propriétaire, né et élevé pour l'agriculture, perd l'emploi de ses connaissances, de son expérience, et devient un déclassé. Le niveau du travail s'abaisse, et le capital argent aussi bien que la propriété foncière vaudront, au point de vue économique, d'autant moins.

Le placement des épargnes en hypothèques sur la propriété foncière, de tous en apparence le plus prudent, est aussi, du moment que le travail est impuissant à payer les intérêts et à restituer le capital emprunté, celui qui entraîne les ruines les plus complètes, la désorganisation la plus profonde d'un état social.

En France, l'État, par tous les moyens en son pouvoir et afin de garantir par toute son autorité le placement surtout de la petite épargne, l'appelle à lui, l'encourage, veille sur elle, la couvre de sa protection législative et administrative.

L'épargneur français, comme le meunier de Sans-Souci, peut s'endormir content, il a des rentes sur l'État.

Sauf les tabacs de la régie et les produits d'un domaine fort modeste, l'État ne produit cependant absolument rien par lui-même. L'armée et la flotte qu'il entretient, les routes qu'il construit, les chemins de fer dont il garantit les intérêts, ses canaux, ses ports, son administration, tout cela ne représente que des dépenses qui dépassent par milliards sa production.

Ces dépenses sont nécessaires à la sécurité et au développement du travail national, mais elles ne valent aussi que par la production de ce même travail.

C'est par les produits de leur travail que les contribuables doivent suffire aux besoins administratifs de l'État, en même temps qu'à leurs besoins propres et, de plus, aux intérêts des épargnes placées en rentes publiques. Tant que le travail est vigoureux, prospère, qu'il a de l'initiative et de l'élasticité, tout paraît pour le mieux dans le meilleur des mondes possibles. Avec la dépense des épargnes accumulées, la production augmente, l'aisance générale s'accroît, le marché extérieur et intérieur s'étend, les budgets se soldent par des bonis, et le montant de la dette elle-même est l'expression de la fortune publique. Mais dès que le travail devient tant soit peu difficile, pénible, qu'il perd de son initiative, de son élasticité, la production diminue, les exportations faiblissent, les importations croissent, la concurrence étrangère augmente et vient étouffer jusqu'au marché intérieur, les budgets se soldent par des déficits, et les rentes à payer aux épargneurs deviennent de plus en plus lourdes. D'année en année, la situation s'aggrave; et si le travail par des efforts héroïques ne parvient pas à se relever, la banqueroute, malgré toutes les garanties données par l'État, en est la conséquence inévitable.

Après le placement des épargnes sur la propriété foncière, celui en rentes sur l'État est certainement le moins intelligent, malgré le crédit dont l'État peut jouir et les illusions que les épargneurs peuvent se faire. Nul ne dispose du travail général, c'est lui, au contraire, qui dispose de tout, et le jour où l'État, précisément parce qu'il a abusé de son crédit, ne parvient plus à faire honneur à ses engagements, la banqueroute est le seul moyen de rétablir l'équilibre entre ses recettes et ses dépenses.

Il faut bien se dire que l'État est comme l'eunuque du sérail, il en ouvre et en ferme les portes, y maintient l'ordre, mais il ne faut pas compter sur sa fécondité.

Plus un État emprunte, sans que le travail national grandisse avec les emprunts, plus les impôts deviennent lourds et les rentes pesantes pour le travail national dont ils entravent la reprise et l'essor.

Pendant la première moitié de ce siècle, les petits États italiens étaient loin de jouir du crédit de l'État français, et leur propriété foncière ne donnait pas les rendements des fertiles plaines de l'Autriche et de la Hongrie. Les épargnes se groupèrent entre elles, et les épargneurs formèrent des sociétés de crédit mutuel.

Leur organisation s'étendit jusqu'à de misérables hameaux, et l'Italie finit par abolir le cours forcé de son papier, par relever son crédit, pendant que l'Autriche continue à avancer vers une banqueroute foncière et que la dette de la France parait grandir jusqu'à menacer les rentes publiques d'un sort analogue.

Les sociétés de crédit mutuel locales ou communales se rapprochent le plus par leur caractère du placement direct des épargnes dans et par le travail de l'épargneur. Celui-ci a confié ses fonds à la caisse ; il connait le voisin qui les emprunte; il a nommé l'administrateur, le gérant qui sont de la localité ou de la commune; il participe en quelque sorte d'une façon constante à la mise en œuvre de son capital.

L'épargne comprise d'une autre manière est à la fois une faute économique et une erreur nationale.

Placement direct par le travail. — Il en est des nations comme des hommes; plus une nation dépense résolûment son argent, mais en se perfectionnant de plus en plus dans son travail, plus elle s'enrichit; elle s'appauvrira, au contraire, d'autant plus qu'elle épargnera en ne développant pas son travail.

Ce qu'il faut encourager, et encourager par tous les moyens, c'est le travail, et non pas l'épargne, elle n'a de valeur que par lui, et elle n'a que la valeur qu'il lui donne.

L'épargneur qui, grâce à son métier, quel qu'il soit, met de l'argent de côté, peut le faire pour deux motifs: parce qu'il se prive de dépenses qu'il juge inutiles ou parce qu'il se sent incapable de donner plus d'essor à son travail. Dans le premier cas, il diminue dans la même proportion la fabrication des objets qu'il trouve inutiles; dans le second, il arrête sa production propre. L'argent n'en reste pas moins disponible, et pour le faire fructifier on le place sur le travail d'autrui, on fait du *socialisme blanc* pour s'étonner ensuite, alors que les épargnes se sont amassées en capitaux énormes, que le *socialisme rouge* en demande une répartition plus équitable.

Loi de l'épargne. — Pendant les époques de progrès et de prospérité, ainsi que nous le verrons dans notre précis d'économie sociale, les placements des épargnes sont naturellement accompagnés, dans le partage des produits, d'un crédit à bon marché, d'une augmentation des salaires, etc. Pendant les époques de crises, au contraire, les salaires baissent, les intérêts augmentent, le crédit devient difficile, et à mesure croissent, chez les classes ouvrières, les revendications, jusqu'à ressembler dans ces circonstances au commencement d'une banqueroute du travail.

Les épargnes accumulées ne peuvent, sans ruine, percevoir sur la propriété foncière ou sur l'État plus d'intérêts ou de rentes que ceux-ci ne peuvent en fournir; de même elles ne peuvent prélever sur la part du travail de l'ouvrier, sans qu'il se révolte, des revenus plus considérables que la satisfaction des besoins qu'il juge nécessaires à son existence ne permet d'en donner.

Tout placement d'épargne qui ne se chiffre pas par une plus-value du travail est une perte en raison directe de la charge assumée et en raison inverse des valeurs produites. Loi aussi fatale que n'importe quelle loi naturelle et qui n'est qu'une forme particulière de la grande loi qui régit tous les phénomènes économiques et sociaux.

L'épargne qui ne se coordonne point parfaitement avec le travail qui doit la faire valoir, tombe à son niveau.

Évaluer les ressources d'une nation d'après la quantité de ses épargnes, c'est estimer la valeur de sa littérature d'après l'étendue de son dictionnaire.

Les auteurs, en traitant de l'épargne, oublient trop facilement qu'aussitôt qu'elle est placée elle se transforme en dette, le dictionnaire de la fortune publique s'est chargé d'un mot de plus, qu'il s'agit de faire valoir.

CHAPITRE XXIII

DU PRINCIPE DE POPULATION.

Théorie de Malthus. — Sous le titre, *Principe de population,* Malthus publia, en 1789, un ouvrage devenu célèbre. La date est intéressante, car Malthus suivit la méthode de l'époque qui eut la passion des principes à la fois exclusifs et absolus, sans se douter qu'un principe absolu n'est jamais exclusif, et qu'un principe exclusif n'est jamais un principe absolu, mais toujours une idée générale incomplète. Cependant, au premier abord, le principe de Malthus paraît d'une évidence parfaite. « Pour que les hommes se reproduisent autant qu'ils tendent à se reproduire, ils doivent avant tout jouir d'une alimentation suffisante. »

Ce point de départ fixé, l'économiste anglais observa que la production des aliments nécessaires à l'existence humaine augmente dans une proportion arithmétique comme les chiffres 1, 2, 3, 4, 5, tandis que la population tend à croître dans une progression géométrique comme les chiffres 1, 2, 4, 8, 16. La conclusion qu'il en tira parut non moins évidente que son principe. Si l'accroissement de la population dépend de sa nourriture, et si cette dernière n'augmente que d'une unité tandis que la première le fait du double, l'équilibre entre l'inégalité des deux progressions doit se rétablir forcément et le chiffre de la population tomber au niveau de celui de sa nourriture. Résultat qui est obtenu, selon Malthus, par quatre obstacles qui s'opposent sans cesse à une reproduction trop rapide : les maladies, les vices, les guerres et l'abstention du mariage.

On fit de ces quatre empêchements à la reproduction humaine les lois de Malthus.

Théorie contraire. — Il est aisé, en suivant le procédé même de l'économiste anglais, de démontrer absolument le contraire, c'est-à-dire que si une génération transmet à la génération qui lui succède une quantité de nourriture double de celle qu'elle a eue, et cette génération à la troisième de nouveau une quantité double de celle qu'elle a elle-même reçue, le nombre d'hommes qui composent chacune d'elles diminuera dans une proportion constante et régulière par suite des vices, des maladies, des guerres et de l'abstention du mariage, engendrés par la surabondance de nourriture.

Malthus recueillit des preuves innombrables à l'appui de sa thèse; des preuves non moins concluantes légitimeraient la seconde. L'histoire entière de l'humanité démontre que plus les peuples deviennent riches et disposent de ressources considérables, plus facilement ils entreprennent les guerres, plus en même temps leurs mœurs et leurs goûts se raffinent, mais plus aussi le nombre des maladies augmente, les vices s'accroissent, plus l'accomplissement des devoirs de la famille paraît une charge trop lourde ou trop sévère.

La diminution lente de toutes les classes riches du monde, la disparition des grands empires d'Orient, la décadence de la Grèce et de Rome, en même temps que le développement des peuplades pauvres et misérables, qui sont devenues des nations populeuses et prospères, chaque page de l'histoire fournit une preuve à l'appui de la thèse.

Erreur des deux théories. — Les deux théories sont fondées sur des faits également justes : que l'accroissement de la population dépend de la quantité de la nourriture et que la surabondance de la nourriture détermine une diminution de la population. Aussi sont-elles non moins illusoires l'une que l'autre, précisément parce que des faits justifient chacune d'elles. Leurs prétendus principes sont à la fois exclusifs et absolus.

C'est une loi générale que chez toutes les espèces la tendance à se reproduire est beaucoup plus grande que la facilité que leur offre la nature à se nourrir, mais cette loi comprend des éléments autrement multiples que le simple phénomène de nutrition. Si abondantes que soient les ressources du sol pour une espèce, si le climat lui est contraire, elle dépérit ; une autre prospère, quoique le sol soit moins favorable à sa nutrition ; ailleurs c'est le contraire, une espèce se multiplie malgré les rigueurs du climat, précisément parce que le sol lui convient.

Tantôt la présence d'une espèce détruit une autre ; d'autres fois une espèce ne se multiplie que parce qu'une autre se développe à côté d'elle. Et toutes ces différences se compliquent, pour l'existence et la reproduction de chaque espèce végétale ou animale, de la forme des organes, des moyens de défense ou d'attaque, de la nature des instincts. Les rapports de la nutrition et de la reproduction sont si loin de présenter des rapports de cause à effet que même chez les plantes et les animaux, les deux phénomènes dépendent de circonstances innombrables variant avec le sol, le climat et le milieu dans lequel ils vivent.

Rapports de la nutrition et de la population. — Si le dix-huitième siècle brille par son esprit, il le doit peut-être à son don singulier de rétrécir toutes les questions. Montesquieu fait dériver du climat le caractère des peuples de la même façon que Malthus attribue leur prospérité à la nutrition.

Si les hommes vivaient des ressources naturelles que leur offre le territoire qu'ils occupent, leur reproduction dépendrait, comme celle des plantes et des animaux, de la fertilité du sol, de la nature du climat et des espèces avec lesquelles ils en partagent les produits. Il n'y aurait ni progression arithmétique, ni progression géométrique, mais un état à peu près stationnaire comme celui de toutes les peuplades sauvages.

Du moment, au contraire, où l'homme se fut civilisé, qu'il eut détruit la forêt, cultivé le sol, amendé le climat et choisi les espèces qui lui convenaient pour sa nourriture et pour son travail, sa subsistance et son accroissement devinrent deux phénomènes parallèles, deux effets d'une même cause. Son existence dépendait de sa nourriture de la même façon que sa nourriture dépendait de son existence; ce ne furent point les maladies, les vices, l'abstention du mariage, les guerres, qui maintinrent l'équilibre entre les deux parallèles, mais tout simplement les progrès de l'homme dans la civilisation. Avec la régularité que la terre met à tourner autour du soleil, les nuits et les jours à se succéder, l'homme alla de son travail à sa famille, de sa famille à son travail, et marqua les heures et les époques de son développement.

Et de la même manière que la pesanteur et ses lois règlent les mouvements terrestres, le développement de l'homme fut ordonné d'après son génie et la loi qui en régit toutes les manifestations : plus l'accord entre le progrès du travail et les progrès de la famille fut parfait, plus s'accrurent à la fois la production et la population; moins rapidement cet accord s'établit, plus rapidement se développèrent les abus et les souffrances de toute espèce. La surabondance de la nourriture, le luxe et les richesses occasionnèrent la disparition de peuples et de races, aussi bien que les disettes et les famines, et le défaut d'accord entre les hommes aboutit autant à des guerres d'extermination qu'à la soumission des uns aux autres et au rétablissement d'un accord nouveau et meilleur.

Le défaut d'accord entre la production et l'éducation de la famille se manifeste sous toutes les formes imaginables dans la vie et l'histoire humaines. La pathologie nous enseigne qu'il y a des maladies de la misère comme il y a des maladies de la richesse; la morale nous démontre qu'il y a des vices propres aux pauvres, de même qu'il y en a qui n'appartiennent qu'aux riches. L'histoire nous révèle que l'abstention du mariage peut devenir la cause de l'accroissement d'une population pauvre, lorsqu'une classe, vouée au célibat, sacrifie ses forces et son intelligence à l'éducation et à l'instruction des autres, comme aux bas siècles de nos origines; et l'histoire nous apprend encore que les lois somptuaires et tous les encouragements au mariage sont choses vaines quand une race est assoifée de plaisirs et de jouissances, comme les Romains de la même époque. Enfin, l'histoire nous prouve qu'il y a des guerres de splendeur comme il y a des guerres de détresse, que les premières marquent les grandes époques de la prospérité des peuples, et que les secondes sont propres à leurs périodes de misères.

Il existe entre les besoins des hommes des rapports infiniment plus profonds que ceux qui dérivent de leurs simples nutrition et reproduction.

La France, assurent les statisticiens, a vingt-cinq milliards de revenus, et l'Indien vit en moyenne avec quarante francs par an, ce qui permettrait, si tous les Français réduisaient leurs besoins à ceux de l'Indien, de porter la population de notre territoire à six cent vingt-cinq millions d'habitants!

L'hypothèse est absurde, parce que avec nos besoins disparaîtraient les formes de notre travail et avec ces formes nos revenus; elle n'en démontre pas moins l'intimité des rapports qui existent entre les besoins et la production d'une part, et la population de l'autre.

Plus les besoins de la consommation individuelle augmentent sans que la production le fasse, plus la population tend à diminuer, la famille devenant une source de privations continues.

Plus la production augmente sans que les besoins de la consommation individuelle progressent, plus la population tend à croître, la fondation de la famille et son entretien devenant de plus en plus faciles.

La solidarité est constante, la cause toujours la même. Un ouvrier parisien consomme de quoi nourrir plusieurs familles indiennes ou chinoises, et les arrondissements habités par la classe ouvrière augmentent en population; un bourgeois fortuné consomme de quoi subvenir à l'existence de plusieurs familles d'ouvriers, et la population des quartiers riches diminue. Les États-Unis de l'Amérique du Nord offrent le même phénomène d'une manière plus frappante encore. De tous les peuples du monde c'est celui qui s'est le plus accru : de trois millions à peine au commencement du siècle, il est de cinquante millions aujourd'hui. Ses classes ouvrières et agricoles se sont d'autant plus rapidement développées qu'avec les avantages de la fertilité naturelle d'un sol vierge, ces classes disposaient de tous les progrès accomplis dans l'industrie et l'agriculture par une civilisation avancée; leurs ressources sont devenues immenses; et cependant les familles riches des grandes villes des États-Unis diminuent ou s'éteignent : l'engagement pris au moment de se marier de ne pas avoir d'enfants, et l'avortement, y sont devenus de mode.

Une loi de l'histoire. — Tous ces faits tiennent si profondément à l'existence même des peuples qu'ils prennent les proportions non plus d'une simple loi économique, mais d'une loi de l'histoire.

Nous avons cherché, en commençant ce précis, à démontrer que la valeur des choses provenait de nos seuls besoins, que le travail consistait dans la coordination de nos efforts pour parvenir à les satisfaire, que cette satisfaction devenait d'autant plus facile que nous parvenions à mieux coordonner nos efforts et nos besoins avec les efforts et les besoins des autres. Si les hommes s'arrêtent dans ce progrès du travail social, aussitôt chacun continuera à coordonner ses efforts et ses besoins personnels; ce sera encore une coordination, mais au degré le plus primitif et le plus élémentaire, comme dans l'état sauvage. Il en résulte que plus la coordination des efforts et des besoins au sein de la famille et de la vie sociale augmente, plus elle entraine un large développement de la famille et de l'état social; au contraire, à mesure qu'elle diminue, la famille se désagrége et l'état social se désorganise.

Ainsi les peuples, malgré les richesses qu'ils sont parvenus à se donner dans leur progrès social et économique, dissipent leurs forces, épuisent leurs ressources et s'éteignent dans leur race, dès qu'ils commencent à s'arrêter dans la coordination de leurs efforts et de leurs besoins.

Jusqu'à ce point s'étend le domaine de l'économie politique; au delà surgissent des questions qui ne sont plus de son ressort. Pourquoi les plaisirs du moment étouffent-ils les soins et les soucis de l'avenir; les jouissances égoïstes, les joies de la famille? Pour quelles raisons une race domine-t-elle une autre, et pour quelles raisons y en a-t-il qui ne se maintiennent que parce qu'elles sont dominées? Quelles sont les causes pour lesquelles leurs grandes affections sociales et nationales, aussi bien que leur génie, se fortifient, se développent ou s'éteignent?

Questions qui relèvent ou de l'histoire ou de la morale sociale, et ne sont pas du domaine de l'économie politique. Mais l'économiste peut les méconnaître; dans le premier cas sa science devient contradictoire aux faits, dans le second à la nature humaine.

CHAPITRE XXIV

DES RICHESSES ET DES MISÈRES.

Production des richesses. — Nous terminons par l'étude de la question que les fondateurs de la science économique abordaient en commençant : Turgot intitule son œuvre principale : *Réflexions sur la formation et la distribution des richesses;* A. Schmidt appelle son plus important ouvrage : *Recherches sur la nature et les causes de la richesse des nations.* Il semblait si naturel de croire que si les hommes travaillaient, c'était pour acquérir des richesses! Combien d'hommes cependant peinent toute leur vie sans récolter autre chose que des misères!

Encore si Turgot ou Schmidt nous avaient enseigné en quoi consistaient vraiment les richesses. Est-ce qu'un climat heureux, un sol fertile, une végétation luxuriante, des rivières poissonneuses constituent des richesses? Ils existent au centre de l'Afrique, et les hommes y sont les plus misérables du monde.

C'est donc dans le sens du travail qu'il faut entendre les richesses? Le peuple le plus industrieux, le plus travailleur des quatre continents, est le peuple chinois; il en est un des plus pauvres.

Y aurait-il une forme particulière de travail qui produirait ce que Turgot et Schmidt entendraient par richesses? Serait-ce le travail libre? Le maître d'esclaves est, dans l'oisiveté, un riche, tandis que l'ouvrier libre, obligé au travail, voit dans son travail même l'expression de toutes ses misères.

Production des misères. — Il n'y a pas une forme de l'activité humaine qui, en produisant des richesses, n'engendre aussi des misères.

La surabondance de la population, source de richesses dans le département du Nord, est une cause de misère dans la province des Flandres, qui se trouve à côté. Le crédit facilite au delà de toute expression la production et la consommation, et entraîne des crises et des ruines irrémédiables. La circulation monétaire qu'emporte le progrès dans les échanges enrichit, selon le courant qu'elle prend, les capitales aux dépens des provinces, et les particuliers les uns aux dépens des autres.

Les rentes, les intérêts, les salaires, l'impôt, occasionnent à la fois l'aisance, le luxe et des privations de toute espèce. Jusqu'aux phénomènes de la propriété, si simples dans leurs formes premières, si prodigieux dans leurs effets par les progrès qu'ils engendrèrent, qui donnent naissance aux revendications les plus âpres, aux violences sanglantes en même temps qu'aux relations pacifiques et à l'entente entre les hommes! Enfin, jusqu'au titre lui-même donné par ses fondateurs à la science économique, qui entraîna leurs successeurs, les uns à y voir le secret de la paix universelle et du salut de l'humanité, les autres à créer des doctrines dont l'application serait la destruction de tout état social!

Définition de la richesse et de la misère. — Des tonnes d'or et d'argent, des cargaisons de blés ou de soieries ne constituent des richesses que relativement aux besoins qu'elles sont destinées à satisfaire. Otez ces besoins, point de richesses; cet or, cet argent, ces blés, ces soieries, ne seront que cet or, cet argent, ces blés, ces soieries, absolument comme les glaces polaires ne seront éternellement que les glaces polaires.

Tout objet, quel qu'il soit, ne constitue une richesse que relativement aux besoins qu'il est destiné à satisfaire. Celui qui possède l'objet en jouit, et, par rapport au besoin qu'il en éprouve, cet objet est une richesse. S'il peut l'échanger contre un autre qu'il convoite, c'est encore une richesse.

L'or et l'argent que l'avare amasse ne sont des richesses pour lui que par rapport aux besoins qu'il pourrait en imagination satisfaire grâce à eux; que, malgré son or et son argent, l'eau et le pain viennent à lui manquer, il se trouvera misérable. Tel est le sens scientifique des deux expressions. Les objets, moyens de satisfaire nos besoins, ne forment des richesses que relativement à nos besoins.

Quiconque possède plus de moyens de satisfaire ses besoins qu'il n'a de besoins à satisfaire est, dans le sens scientifique du mot, un riche; quiconque en possède moins est un pauvre.

Les richesses et la misère publiques. — Si nous appelons riches ceux qui possèdent plus de fortune que nous, c'est dans le sens individuel que nous prenons l'expression, et comme un sot trouve toujours un plus sot qui l'admire, un riche découvre toujours un moins riche qui l'envie.

On accorde un sens plus général à l'expression en considérant les moyens de production amassés pour les opposer au défaut de ces moyens, la misère. En ce cas on s'expose à toutes les contradictions qu'entraînent les idées générales incomplètes. On parle des corps lourds qui tombent et des corps légers qui s'élèvent, sans comprendre la force qui les meut.

De cette façon l'on a distingué la richesse et la misère publiques, en entendant par la première la fortune mobilière, immobilière, et les revenus de l'État, et par la seconde, le nombre des indigents secourus par la charité officielle et privée. L'illusion qui provient des deux expressions est la même : on juge par comparaison, sans s'inquiéter des rapports que les faits eux-mêmes renferment. Si la richesse publique consiste dans la fortune mobilière, immobilière, et les revenus de l'État, alors, logiquement, la misère publique ne devrait être autre chose que la perte de cette fortune et de ces revenus. Et si la misère publique est formée par le nombre des indigents, la richesse publique consiste logiquement dans les ressources de ceux par lesquels ils sont soutenus.

D'instinct cependant on a eu raison d'opposer les richesses de l'État au nombre des misérables, car les deux sont des effets de la même cause, l'activité sociale; sans elle, ni richesses ni misères publiques ou privées.

Il est impossible de comprendre les grands phénomènes de l'économie politique dans leurs formes sociales, publiques et internationales, si l'on n'entend pas en ce sens l'expression de richesse et de misère publiques et privées, qui au fond sont une seule et même chose. Ainsi que le froid et le chaud sont de la chaleur, qu'il s'agisse de vingt degrés au-dessous ou au-dessus de zéro, la richesse et la misère sont toujours, dans le sens économique du mot, de la richesse. Que les moyens manquent ou abondent pour satisfaire les besoins, qu'ils soient au-dessous ou au-dessus de zéro, il faut qu'il y ait des besoins à satisfaire pour qu'il existe des richesses. Entendues en ce sens, leur définition est exacte, et l'économie politique sort des régions nébuleuses d'une terminologie contradictoire.

Portée générale des rapports entre les richesses et les misères. — Tel besoin subsiste; il porte à tel genre de travail; il en résulte tel moyen de le satisfaire, c'est-à-dire tel degrès de richesse ou de misère. Les deux expressions considérées dans leur portée scientifique constituent un même phénomène : le rapport entre les moyens produits et les besoins à satisfaire. L'absence absolue de moyens est aussi peu de la richesse que de la misère, c'est la mort.

Faute de coordonner ses efforts de manière à satisfaire ses besoins, l'homme souffre, et, finalement, meurt d'inanition; mieux il y réussit au contraire, plus il se développe, assure son avenir et celui des siens.

Il en est de même des peuples. Ce ne sont pas les lois de Malthus qui ont fait disparaître de l'histoire les anciens Assyriens et Persans, les Égyptiens, les Grecs, les Romains, lorsque des peuplades pauvres et en apparence dénuées de tout sont devenues de grandes nations.

Les premiers s'étaient donné des besoins qu'ils ne sont plus parvenus à satisfaire par une coordination plus grande de leurs efforts, et leur état social et politique s'est désagrégé; tandis que les seconds, coordonnant de mieux en mieux leurs efforts pour satisfaire des besoins plus simples, n'ont fait que prospérer en puissance et en richesses.

Les civilisations s'éteignent ou se développent pour les mêmes raisons que les individus s'appauvrissent ou s'enrichissent.

Quelles que soient les richesses d'un peuple, du moment que ses besoins les dépassent, sans que par son travail il les augmente dans la même mesure, ses richesses se transforment aussitôt en misères. Que la même disproportion entre la production et la consommation continue à se maintenir à travers les générations, et il ne restera d'une civilisation autrefois brillante que des ruines. Les fellahs d'Égypte, les parsis du centre de l'Asie, les paysans de l'archipel hellénique et les mendiants du Transtevère, qui portent tous le fardeau de civilisations décrépites, ne se sont maintenus que parce que leurs besoins sont restés simples.

Du moment qu'une classe sociale, par ses besoins, dépasse le concours qu'elle prête au travail des autres, elle s'efforce d'attirer à elle par tous les moyens qui sont à sa disposition : tyrannie, législation, calcul, spéculation, théories, doctrines, révoltes, émeutes, grèves, la part dans les répartitions des produits qui revient aux autres. Les crises financières, industrielles et commerciales prennent les formes de crises sociales ou politiques; et, si l'accord ne parvient pas à se rétablir, le travail se corrompt, l'état social se détruit, et avec eux l'existence de la nation.

Aucune liberté, aucune réglementation ne l'empêchent, aucune ne fera qu'une classe sociale ne ressente les besoins qu'elle éprouve, ni qu'elle ait une puissance de travail qu'elle ne possède pas.

Il faut chercher des solutions à la fois plus profondes et plus conformes à la nature des choses.

TABLE DES MATIÈRES

INTRODUCTION

LES ÉLÉMENTS

CHAPITRE PREMIER

DE L'ÉTAT SOCIAL.

CHAPITRE II

DE L'OBJET DE L'ÉCONOMIE POLITIQUE.

CHAPITRE III

DE LA VALEUR.

CHAPITRE IV

DE LA CONSOMMATION ET DE LA PRODUCTION.

CHAPITRE V

DE LA PROPRIÉTÉ.

CHAPITRE VI

DU TRAVAIL.

CHAPITRE VII

DES FORMES PRINCIPALES DU TRAVAIL.

CHAPITRE VIII

DES ÉCHANGES.

CHAPITRE IX

DU CAPITAL.

CHAPITRE X

DE L'OFFRE ET DE LA DEMANDE.

CHAPITRE XI

DE LA CONCURRENCE ET DE LA SPÉCULATION.

CHAPITRE XII

DE LA COORDINATION DES FORMES DU TRAVAIL.

CHAPITRE XIII

DE LA RÉPARTITION DES PRODUITS.

CHAPITRE XIV

DE LA RENTE.

CHAPITRE XV

DE L'INTÉRÊT.

CHAPITRE XVI

DES SALAIRES.

CHAPITRE XVII

DE L'IMPÔT.

CHAPITRE XVIII

DE LA NATURE DES BÉNÉFICES.

CHAPITRE XIX

DE LA CONSOMMATION DES PRODUITS.

CHAPITRE XX

DE LA CIRCULATION MONÉTAIRE.

CHAPITRE XXI

DU CRÉDIT.

CHAPITRE XXII

DE L'ÉPARGNE.

CHAPITRE XXIII

DU PRINCIPE DE POPULATION.

CHAPITRE XXIV

DES RICHESSES ET DES MISÈRES.

PARIS
TYPOGRAPHIE DE E. PLON, NOURRIT ET Cie
Rue Garancière, 8.

www.ingramcontent.com/pod-product-compliance
Lightning Source LLC
LaVergne TN
LVHW020552230826
846091LV00002B/463

* 9 7 8 2 0 1 9 7 2 0 3 6 0 *